U0503499

枣庄文物撷英

枣庄市第一次全国可移动文物普查工作概览

枣庄市文物局　编著

文物出版社

图书在版编目(CIP)数据

枣庄文物撷英 ：枣庄市第一次全国可移动文物普查工作概览 / 枣庄市文物局编著. -- 北京 ：文物出版社，2018.9

ISBN 978-7-5010-5726-9

Ⅰ. ①枣… Ⅱ. ①枣… Ⅲ. ①文物－普查－概况－枣庄 Ⅳ. ①K872.652.3

中国版本图书馆CIP数据核字(2018)第223475号

枣庄文物撷英

枣庄市第一次全国可移动文物普查工作概览

编　　著：枣庄市文物局

责任编辑：耿　昀　王　霞

书籍设计：特木热

责任印制：陈　杰

出版发行：文物出版社

社　　址：北京市东直门内北小街2号楼

邮　　编：100007

网　　址：http://www.wenwu.com

邮　　箱：web@wenwu.com

经　　销：新华书店

印　　刷：北京金彩印刷有限公司

开　　本：889mm×1194mm 1/16

印　　张：16

版　　次：2018年9月第1版

印　　次：2018年9月第1次印刷

书　　号：ISBN 978-7-5010-5726-9

定　　价：320.00元

编辑委员会

写在前面

枣庄有着悠久的历史与灿烂的文化。枣庄境内细石器遗存的发现，说明早在15000年前这片土地上就有人类生存劳作。在古薛河流域，后李文化的孑遗以及北辛文化的发现与命名，证明了枣庄地区史前农业文明的早发性；遍布全市的大汶口文化和龙山文化遗址，也印证了枣庄地区是中华文明的重要发祥地之一。商周时期，枣庄境内分布着薛、郳、滕、偪阳、鄫、鄣、小邾、徐和邳等众多古国，是先秦时期古国分布最为密集的地区之一。两汉时期，这里经济发达、文化昌明，汉代故城遗址今遍布全市。南北朝隋唐时期，以延续千年的中陈郝瓷窑为枣庄经济、社会、文化发展的典型代表。明中叶开凿、至今通航的泇运河，使台儿庄成为新崛起的沿运水陆码头。清末民初创设的峄县中兴煤矿公司是华资艰苦创业的典范，是中国近代民族工业的一面旗帜。抗日战争时期的台儿庄大捷是正面战场第一个重大胜利，台儿庄也被称为“中华民族扬威不屈之地”。八路军一一五师抱犊崮革命根据地、运河支队遗址、铁道游击队遗址等红色文化资源丰富。解放战争时期，这里是鲁南战役和淮海战役的主战场，见证了中华人民共和国的诞生。

历史上枣庄名人辈出：造车鼻祖奚仲、商朝重臣仲虺、科技巨匠墨子、工匠祖师鲁班、善政之始滕文公、食客三千孟尝君、儒学大师公孙弘、凿壁偷光匡衡、文学大师贾三近等家喻户晓。近现代闻名遐迩的铁道游击队、诗人楷模贺敬之、书画大师王学仲等成为一个时代的标杆。

以上这一切构成了今天我们发展文物事业的重要基础。

目前，枣庄市下辖5个区：薛城区、市中区、峄城区、山亭区、台儿庄区，1个县级市：滕州市。截至2016年底，枣庄市共有各级各类文物保护单位1447处，其中包括世界文化遗产1处、全国重点文物保护单位9处、省级文物保护单位108处、市级文物保护单位213处。全市现备案的国有博物馆14家，非国有博物馆7家，馆藏文物近20万件。

近年来，党中央国务院高度重视文化遗产保护与利用工作。在山东省文物局的指导以及枣庄市委市政府的领导下，我市的文物工作取得了可喜的成绩：文博场馆建设、大遗址保护、古建筑保护维修等工作均取得了重大突破，为进一步的保护利用打下了坚实基础。

本书是枣庄市第一次全国可移动文物普查工作成果的集中展示，是向广大读者全面介绍我市国有单位特别是国有博物馆、纪念馆藏品的重要媒介，希望通过本书的出版，能让更多人了解枣庄文物，热爱中国文化，进一步增强文化自信，为建设更加美好的家园贡献力量。

序言

2012年10月，国务院下发《国务院关于开展第一次全国可移动文物普查的通知》（国发〔2012〕54号），旨在对我国境内（不包括港澳台地区）各级国家机关、事业单位、国有企业和国有控股企业、中国人民解放军和武警部队等各类国有单位收藏保管的可移动文物，包括普查前已经认定和在普查中新认定的国有可移动文物进行调查、采集和登录。这是中华人民共和国成立后首次针对可移动文物开展的普查。

本次普查的标准时点为2013年12月31日。枣庄市自2013年10月开始启动普查工作，在山东省普查办的精心指导下，枣庄市普查办统筹协调全市普查力量，经过3年多的艰苦努力，克服人手少、时间紧等实际困难，多措并举，本着“应普尽普，应登尽登”的原则，先后完成了国有单位文物调查登记、文物认定、文物信息采集登录和文物信息市级审核等诸多环节的工作。本次共普查收藏有可移动文物的国有单位35家，其中文化文物系统（以下简称系统）外18家；累计采集登录文物77695件（套），其中新认定文物4616件（套），圆满完成了第一次可移动文物普查工作。

这次可移动文物普查，不仅使我市几家国有博物馆完成了建馆以来的首次清库工作，同时对系统外的国有单位进行了首次文物清查，最终基本掌握了枣庄市国有可移动文物情况以及分布状况，并建设了全市文物资源数据库，对每件文物进行“身份认证”，使文物资源管理机制更为健全，为让文物“活”起来提供了“源头活水”。

我市文博队伍在这次普查工作中得到了充分锻炼，文物保护管理水平得到了全面提升，受到了山东省普查办的充分肯定。本次普查藏品总数在全省排名第八，共有6家先进集体、8名先进个人受到山东省人民政府表彰。

本书分为枣庄市第一次全国可移动文物普查工作情况，枣庄市主要国有博物馆、纪念馆介绍，枣庄市第一次全国可移动文物普查藏品精选三部分，全面展示了本次普查的工作流程及成果，以飨读者。

目录

老庄

第一章

枣庄市第一次全国可移动文物普查工作情况

一、普查工作背景

2012年10月，国务院正式启动第一次全国可移动文物普查。这是中华人民共和国成立后首次针对可移动文物展开的普查，是继第三次全国文物普查（针对不可移动文物）之后在文化遗产领域开展的又一重大国情国力调查，是一项旨在全面掌握我国文物资源、加强文物保护、建设文化遗产强国的国家工程，也是贯彻落实党的十八大提出的“建设优秀传统文化传承体系”“增强文化整体实力和竞争力”“努力建设社会主义文化强国”等重要举措。

针对不可移动文物，枣庄市2007至2011年已在国家和山东省统一部署下开展了第三次全国文物普查，查清了我市不可移动文物情况，登记不可移动文物1447处，构建成我市开展文物保护、管理和利用工作的基础。目前我市共有世界文化遗产1处，全国重点文物保护单位9处，省级文物保护单位108处，市级文物保护单位213处。

与之相比，枣庄作为鲁南文化中心地，可移动文物数量更为巨大，文物类型也更为丰富，但基础工作相对薄弱。枣庄市紧紧抓住这次契机，根据国家和山东省统一部署，在全市范围内组织开展了全市第一次可移动文物普查，旨在掌握我市国有可移动文物的数量、分布、特征、保存现状等基本情况，为更加准确地研判文物保护形势、科学制定文物保护政策和规划提供依据，加强在文化遗产领域的国有资产管理和资源整合能力，充分发挥文物在建设社会主义先进文化、促进经济社会全面协调可持续发展中的重要作用。同时，本次可移动文物普查也为进一步提高各有关单位的文物保护意识，尤其是文博系统工作人员的科学知识、专业技能和管理水平提供了难得的锻炼机会。

二、普查工作过程

（一）普查准备阶段

2012年10月8日，国务院印发了《国务院关于开展第一次全国可移动文物普查的通知》（国发〔2012〕54号），决定从2012年10月到2016年12月，对我国境内（不含港澳台地区）国有单位收藏保管的文物进行全面普查登记。

2013年4月18日，国务院“第一次全国可移动文物普查电视电话会议”召开，对普查工作进行了全面部署。

2013年8月，山东省举办“第一次全国可移动文物普查骨干培训班”，对国有单位可移动文物调查登记、文物认定、文物信息采集登录的指标规范以及采集软件、影像信息采集技术等方面的内容进行培训，为普查工作规范、有序、高效开展提供了有力保障。

2013年10月28日，“枣庄市第一次全国可移动文物普查动员会暨骨干培训会议”召开。市政府副市长霍媛媛出席会议并作动员讲话，市文化广电新闻出版局（下简称文广新局）兼文物局局长邵磊宣读了《枣庄市第一次全国可移动文物普查实施方案》（征求意见稿），市文物管理委员会24个成员单位负责人、市直相关文化单位以及各区（市）的普查骨干共80余人参加了动员会。这次会议的召开标志着枣庄市第一次全国可移动文物普查工作进入全面启动阶段。

枣庄市第一次
全国可移动文物
普查动员会

动员会结束后，我市普查办邀请山东省普查办、省博物馆专家向全市50余位普查骨干作了国有单位调查登记、可移动文物信息登录指标、信息采集软件、文物二维影像采集等5场业务培训。通过培训，广大学员对普查的目的、任务、工作思路、工作流程、技术规范以及下一步的重点任务和要求都有了比较清晰的认识，为今后普查工作的全面推进奠定了坚实基础。

2014年3月3日，枣庄市政府召开“全市文化广电新闻出版（文物）工作会议”。市所属各区（市）分管区（市）长、文广新局局长、文物局局长、市文物管理委员会领导小组成员单位、市文广新系统副科级以上领导干部参加会议。副市长霍媛媛代表市政府与各区（市）政府签订了《第一次全国可移动文物普查政府责任书》。会议要求各区（市）、各有关方面要按照签订的政府责任书要求，高质量地完成第一次全国可移动文物普查任务，要切实加强统筹协调，完善保障措施，加大工作力度，确保普查工作落到实处。

2014年3月，枣庄市人民政府办公室下发《枣庄市人民政府办公室关于印发枣庄市实施第一次全国可移动文物普查工作方案的通知》（枣政办字〔2014〕15号），明确了由市文物管理委员会负责全市普查工作的组织和领导，协调解决重大问题，由市文物管理委员会办公室负责普查工作的日常组织和

枣庄市文化广电新闻出版（文物）工作会议

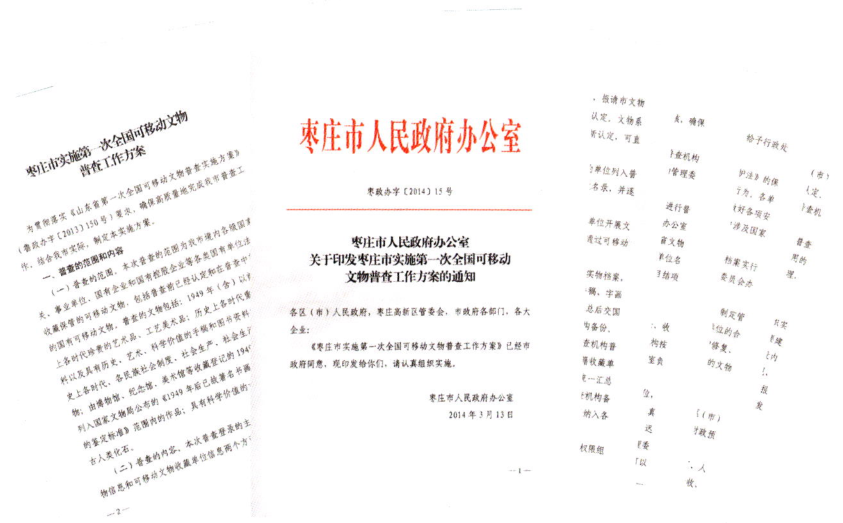

枣庄市人民政府办公室印发的《枣庄市实施第一次全国可移动文物普查工作方案的通知》

具体协调。副市长霍媛媛任市文物管理委员会主任，委员会办公室设在市文广新局，市文广新局局长邵磊兼任办公室主任，市文物局副局长胡丽萍兼任办公室副主任。各区（市）政府办公室也先后下发了《枣庄市第一次全国可移动文物普查实施方案》，成立了各区（市）第一次全国可移动文物普查领导小组和办公室。

为保证普查工作顺利展开，枣庄市普查办组织编制了《枣庄市文物普查经费预算》。

（二）调查登记阶段

在普查之初，枣庄市普查办多措并举，努力实现对区域内国有单位调查覆盖率与回收率“双百”的目标。

根据《枣庄市第一次全国可移动文物普查实施方案》要求，市属国有单位的文物普查工作由市文物管理委员会完成，其他国有单位文物收藏情况调查的组织实施，按照属地调查原则，以区（市）域为基础。各区（市）级普查机构结合山东省普查办下发的国有单位清单，结合自身实际，建立本行政区域内纳入各级普查范围的全部国有单位名单。

2014年5月，枣庄市政府召开了“枣庄市第一次全国可移动文物普查工作调度会议”。各区（市）分管区（市）长、文广新局局长、市文物管理委员会部分成员单位负责人参加会议。会上通报了枣庄市第一次可移动文物普查进展情况。滕州市、台儿庄区分别汇报了各自开展普查工作的情况。市政府副市长、市文物管理委员会主任霍媛媛针对普查工作中存在的不足提出下一步全市普查工作的计划和要求，推动了普查工作的进展。

枣庄市普查办迎难而上、积极作为，在认真总结前期工作的基础上，对全市的国有单位收藏文物情况进行了调查，并督促各区（市）全方位开展“回头看”工作，以确保调查数据的真实性和完整性。

2014年7月，全市各级普查机构向系统内、外国有单位共发放调查表4331份，总覆盖率100%，共回收调查表4331份，总回收率100%。反馈收藏有文物的国有单位共37家，占全市国有单位总量的0.85%，反馈文物收藏总量70903件（套）。

2014年12月，经过多方共同努力，对台儿庄古城内现有博物馆进行了

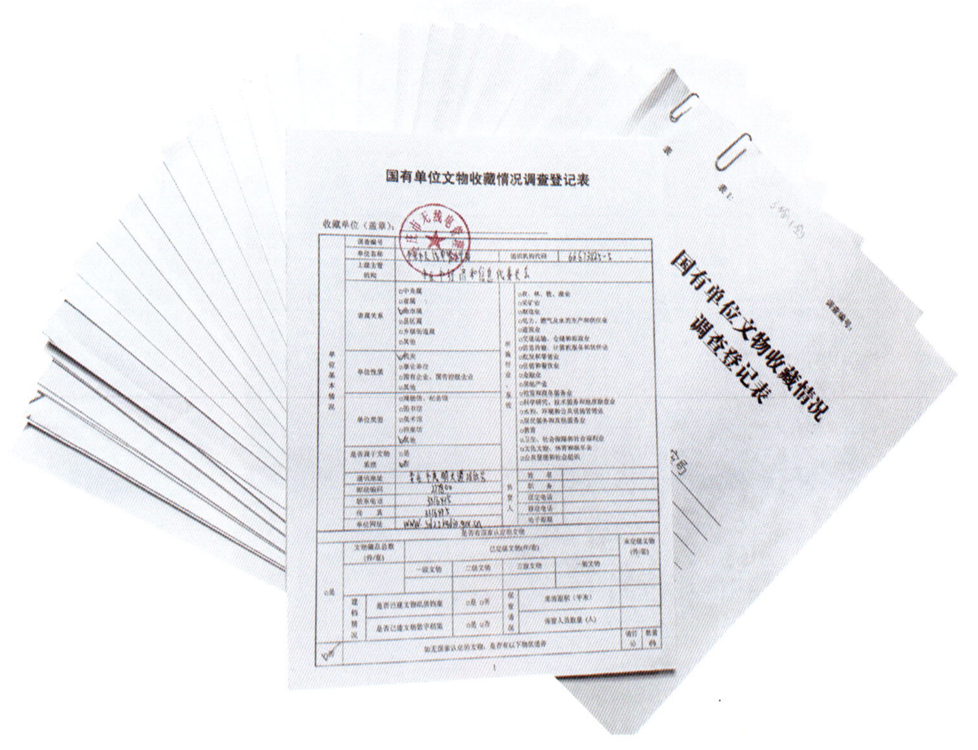

回收的《国有单位文物收藏情况调查登记表》

全方位梳理，厘清了权属关系，增加反馈收藏有文物的国有单位33家。

至此，我市共有国有单位4331家，反馈收藏有文物的国有单位70家，包括系统内17家，系统外53家，占全市国有单位总量的1.62%，反馈文物收藏总量72990件（套），该数据包括普查前已认定的文物和新申报的文物。

（三）数据处理阶段

1. 文物认定

根据国家、山东省、枣庄市普查方案要求，系统内国有单位藏品，即普查前已认定为文物的，不需要再进行文物认定，对系统外国有单位反馈的文物则必须进行文物认定。

首先，由枣庄市普查办组成市级专家组对系统外53家国有单位所申报文物进行初步认定。专家组协同市、区两级普查员在相关单位工作人员的积极配合下，先将待认定文物分门别类、归放整齐，再进行集中认定。专家组先后于2014年8月，认定滕州、峄城和薛城三个区（市）系统外国有单位申报文物；9月，认定枣矿集团及其下属单位、枣庄学院等申报文物，最后确认18家系统外国有单位申报的28564件（套）疑似文物中有4122件（套）为文物。

枣庄市专家进行文物初步认定

山东省专家进行文物最终认定

之后，由山东省普查办专家组进行最终认定。2015 年 4 月 20~23 日，根据省普查办的统一部署安排，省普查办专家王永波、蒋英炬、刘承诰等一行五人莅临枣庄市，在时间紧、任务重的情况下，对初步认定的 18 家国有单位申报文物再逐一认定，最终认定文物 4616 件（套），须纳入采集登录范围。

2. 文物信息采集、登录

2014 年 4 月，全市在开展国有单位文物收藏情况调查工作的同时，根据枣庄市普查工作方案要求，收藏有可移动文物的国有单位按照自查申报与集中调查相结合原则，统一标准，规范登记，展开文物信息采集工作，采集内容包括文物总登记号、名称、年代、质地、类别、数量、尺寸、质量、级别、来源、完残情况、保存状态、入藏日期、照片。

在文物数据离线采集的同时，国有单位于 8 月开始在国家统一可移动文物普查平台上登录采集到的信息。

2015 年 2 月，山亭区率先完成文物信息采集登录工作。山亭区文广新局自普查工作开展以来，多方筹措，调动各基层文化站站长、社会志愿者等积极参与到普查工作中来。在完成收藏有文物的国有单位调查之后，组织专业力量率先完成了文物信息采集登录工作。

5 月，峄城区完成文物信息采集登录工作。期间峄城区文广新局邀请枣庄市博物馆工作人员利用节假日时间加班加点，确保了工作进度。

8 月，全市系统内、外共 35 家收藏有可移动文物的国有单位全部完成文物信息的采集登录。由于采集时标准的调整，和部分国有博物馆在采集过程中进行了清库，导致系统内国有单位的文物数量有所增加，最终共采集登录文物 77695 件（套），合 151414 件，圆满完成了普查任务。

枣庄市可移动文物
信息登录平台培训班

枣庄市博物馆工作人员
在拣选标本

枣庄市博物馆工作人员
在采集文物信息

滕州市博物馆工作人员
在拣选钱币

滕州市博物馆工作人员
在采集文物信息

3. 文物信息审核

我市自开展文物信息登录工作以来，数据审核工作一直贯穿着登录工作始终。普查伊始，枣庄市文物局便成立了枣庄市第一次可移动文物普查专家组，并将35家收藏单位的数据审核任务分派至每位专家，做到审核责任到人，同时将评审过程细化为：单位自查、专家审核、市级复核、市级抽查、集中审核五个步骤。坚持在每个审核环节都严格按照《枣庄市第一次全国可移动文物普查数据质量评定标准》操作进行，将错误率控制在0.2%以内。

2015年5月19~21日，山东省文物局督导组对我市可移动文物信息登录工作进行了专项督导。省督导组先后抽查了市普查办、各区（市）普查办《国有单位文物收藏情况调查登记表》的分类、保管情况；检查系统内博物馆文物信息登录工作进展情况，并解答工作人员在普查工作中遇到的问题；指导枣庄学院世界语博物馆、枣矿集团资料馆等重点国有文物收藏单位进行文物信息采集登录工作。

省督导组首先肯定了市普查办将普查档案按照单位性质整理归档的做法，要求全市按照这一做法予以规范；对滕州市汉画像石馆聘用志愿者进行文物信息采集登录及台儿庄区文物局抽调系统内专业人员、设备，集中力量逐一完成各个博物馆、纪念馆的文物信息采集登录工作等行之有效的措施给予肯定。从督导的结果看，我市系统内文物信息登录的整体质量较高，但也指出工作中仍存在的一些不足，比如进度较慢，各区（市）存在不平衡现象等。

枣庄市第一次全国可移动文物普查数据质量评定标准

<table>
<tr><th colspan="2">评定标准</th><th>质量说明</th><th>扣减分值</th></tr>
<tr><td colspan="2">藏品性质</td><td>藏品性质认定错误</td><td>40 分</td></tr>
<tr><td rowspan="19">指标项</td><td rowspan="3">照片</td><td>照片与实物不对应或无法辨识</td><td>40 分</td></tr>
<tr><td>图片不合要求（如：成套文物没有全体图或个体图；钱币缺正反两面照片；照片不清晰等）</td><td>10 分</td></tr>
<tr><td>重要局部，如款识、题字等没有照片；默认显示的照片非正视图</td><td>2 分</td></tr>
<tr><td>定名</td><td>名称中表述器形、年代的信息有误</td><td>40 分</td></tr>
<tr><td rowspan="4">年代</td><td>断代严重错误</td><td>40 分</td></tr>
<tr><td>年代和具体年代均填写“其他”</td><td>40 分</td></tr>
<tr><td>年代与文物名称中的年代不一致</td><td>20 分</td></tr>
<tr><td>年代和具体年代不一致</td><td>20 分</td></tr>
<tr><td rowspan="2">类别</td><td>文物类别选择不当</td><td>5 分</td></tr>
<tr><td>文物类别选择错误</td><td>10 分</td></tr>
<tr><td rowspan="2">质地</td><td>主要质地选择错误</td><td>40 分</td></tr>
<tr><td>复合质地，质地选择缺少 1/3 及以上</td><td>10 分</td></tr>
<tr><td>数量</td><td>实际数量错误</td><td>40 分</td></tr>
<tr><td rowspan="2">质量</td><td>质量范围错误</td><td>10 分</td></tr>
<tr><td>贵重质地文物缺少具体质量</td><td>5 分</td></tr>
<tr><td rowspan="2">尺寸</td><td>尺寸明显错误</td><td>10 分</td></tr>
<tr><td>缺少通长、通宽、通高或具体尺寸</td><td>5 分</td></tr>
<tr><td>完残状况</td><td>完残程度为“残缺”“严重残缺”的，未填写完残状况</td><td>2 分</td></tr>
</table>

枣庄市第一次全国可移动文物普查审核专家任务分配表

姓名	职称	审核单位
石敬东	研究馆员	枣庄市博物馆、峄城区博物馆、 山亭区文广新局（共 3 家）
苏昭秀	副研究馆员	贺敬之文学馆、李宗仁史料馆、台儿庄区文物局、 台儿庄战史陈列馆（共 4 家）
尹秀娇	副研究馆员	监狱博物馆、私塾文化展馆、 台儿庄大战纪念馆、台儿庄大战故事馆、 台儿庄大战遗物陈列展馆、台儿庄运河奏疏展馆、 枣庄矿业（集团）有限责任公司、 枣庄市城市建设档案馆、枣庄市档案馆、 枣庄市图书馆、枣庄中兴文化博物馆、 中国邮政博物馆台儿庄分馆、中华珠算博物馆、 世界语博物馆（共 14 家）
李慧	副研究馆员	滕州市汉画像石馆（共 1 家）
张东峰	副研究馆员	滕州市柴胡店镇人民政府、滕州市档案馆、滕州市墨砚馆、 王学仲艺术馆（共 4 家）
吕文	馆员	滕州市鲁班纪念馆、滕州市墨子纪念馆、 滕州市图书馆（共 3 家）
魏慎玉	馆员	滕州市博物馆、滕州市党史研究室（共 2 家）
孙晋芬	副研究馆员	薛城区档案馆、薛城区图书馆、薛城区文物管理站、 中陈郝瓷窑博物馆（共 4 家）

山东省督导组在世界语博物馆（枣庄学院）开展督导工作

山东省督导组在薛城区文物管理站开展督导工作

山东省督导组在枣庄市博物馆开展督导工作

至2015年8月，枣庄市第一次全国可移动文物普查信息登录工作全部完成，相应的数据审核工作业已完成。

（四）分析发布阶段

1. 可移动文物基本情况

枣庄市第一次全国可移动文物普查在对全市4331家国有单位调查后，确认收藏有可移动文物的国有单位35家，采集登录可移动文物77695件（套），合151414件。在35项文物大类中，仅甲骨、漆器未曾发现，其余33项均有覆盖。

按类别统计文物数量：数量最多的十个类别分别是：钱币44519件（套），数量占比57.3%；陶器10194件（套），数量占比13.12%；铜器4328件（套），数量占比5.57%；书法、绘画2758件（套），数量占比3.55%；牙骨角器2261件（套），数量占比2.91%；瓷器2050件（套），数量占比2.64%；标本、化石1886件（套），数量占比2.43%；石器、石刻、砖瓦1861件（套），数量占比2.4%；古籍图书1639件（套），数量占比2.11%；武器1707件（套），数量占比2.2%。

序号	文物类别	数量 （单位：件（套））	占比 （单位：%）
1	玉石器、宝石	751	0.97
2	陶器	10194	13.12
3	瓷器	2050	2.64
4	铜器	4328	5.57
5	金银器	54	0.07
6	铁器、其他金属器	405	0.52
7	漆器	0	0
8	雕塑、造像	167	0.21
9	石器、石刻、砖瓦	1861	2.4

10	书法、绘画	2758	3.55
11	文具	616	0.79
12	甲骨	0	0
13	玺印符牌	93	0.12
14	钱币	44519	57.3
15	牙骨角器	2261	2.91
16	竹木雕	4	0.01
17	家具	15	0.02
18	珐琅器	5	0.01
19	织绣	31	0.04
20	古籍图书	1639	2.11
21	碑帖拓本	13	0.02
22	武器	1707	2.2
23	邮品	332	0.43
24	文件、宣传品	449	0.58
25	档案文书	1074	1.38
26	名人遗物	184	0.24
27	玻璃器	18	0.02
28	乐器、法器	54	0.07
29	皮革	7	0.01
30	音像制品	39	0.05
31	票据	17	0.02
32	交通、运输工具	16	0.02
33	度量衡器	25	0.03
34	标本、化石	1886	2.43
35	其他	123	0.16

按级别统计文物数量：一级文物 63 件（套）、二级文物 111 件（套）、三级文物 249 件（套）、一般文物 414 件（套）、未定级文物 76858 件（套），共计 77695 件（套）。

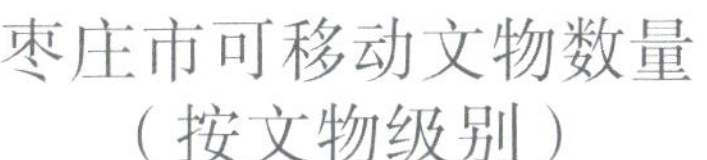

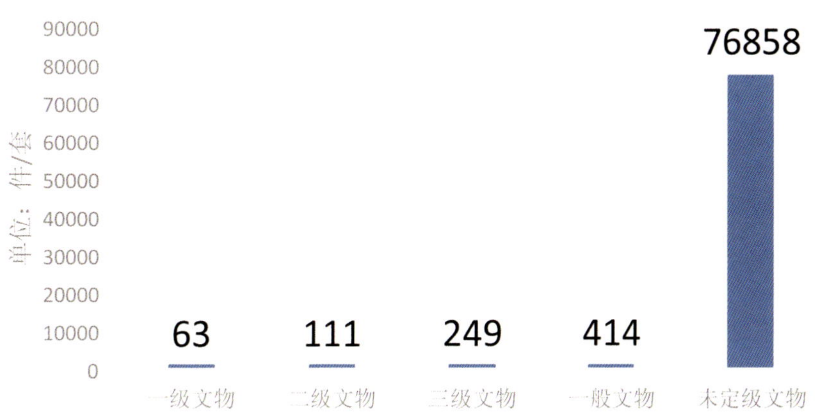

按来源统计文物数量：征集购买 8435 件（套）、接受捐赠 3718 件（套）、依法交换 62 件（套）、拨交 1628 件（套）、移交 1028 件（套）、旧藏 41986 件（套）、发掘 17277 件（套）、采集 512 件（套）、拣选 3004 件（套）、其他 45 件（套），共计 77695 件（套）。

枣庄市可移动文物数量
（按文物来源）

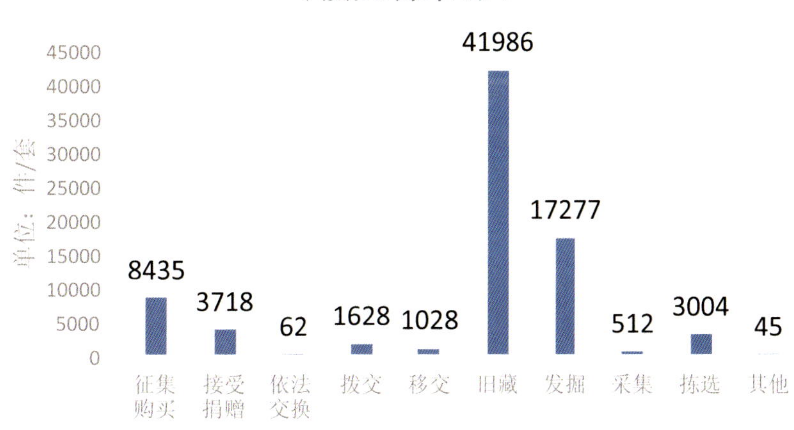

按入藏时间统计文物数量：1949 年 10 月 1 日前 1291 件（套）、1949 年 10 月 1 日 ~1965 年之间 501 件（套）、1966~1976 年之间 848 件（套）、1977~2000 年之间 64592 件（套）、2001 年至今 10463 件（套），共计 77695 件（套）。

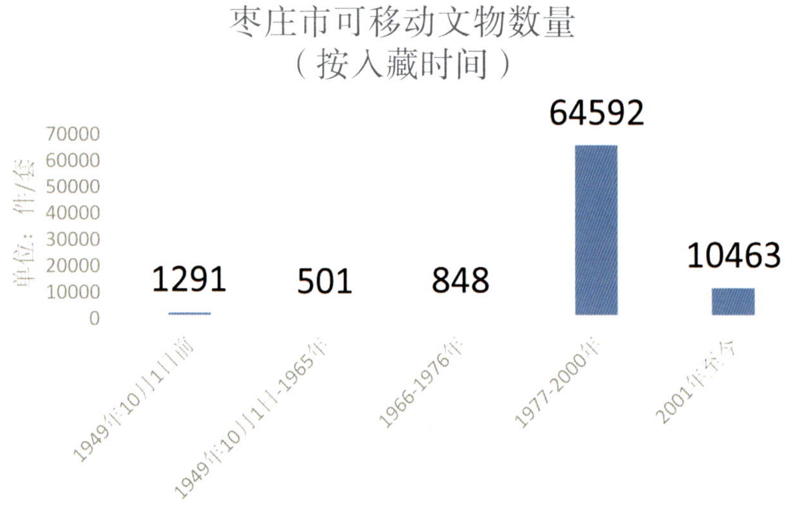

按完残程度统计文物数量：完整 51614 件（套）、基本完整 12293 件（套）、残缺 12901 件（套）、严重残缺（含缺失部件）887 件（套），共计 77695 件（套）。

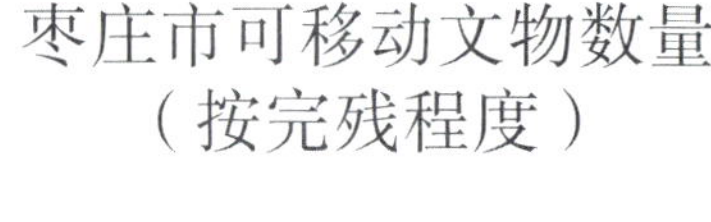

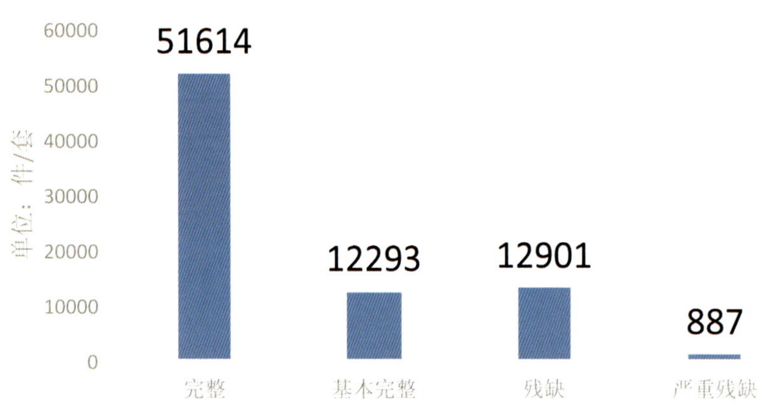

2. 收藏单位数量分布情况

经第一次全国可移动文物普查，本市行政区域内收藏有可移动文物的国有单位共 35 家，其中系统内 17 家，系统外 18 家，保管人员共 90 人，库房面积达 8333.25 平方米。

枣庄市国有可移动文物收藏单位列表

序号	收藏单位名称	库房面积	保管员数量	通讯地址	备注
1	枣庄市博物馆	400	6	市中区龙庭路 56 号	系统内
2	枣庄市图书馆	78	2	市中区文化西路 23 号	
3	薛城区文物管理站	20	3	薛城区匡泉巷	
4	薛城区图书馆	20	4	薛城区文广新局院内	
5	峄城区博物馆	60	1	峄城区承水中路 252 号	
6	台儿庄大战纪念馆	1400	2	台儿庄区沿河路 6 号	
7	贺敬之文学馆	35	3	台儿庄区古运路 4 号	
8	台儿庄区文物局	200	4	台儿庄区文化路 258 号	
9	李宗仁史料馆	25	2	台儿庄区康宁路 8 号	
10	山亭区文广新局	0	0	山亭区府前路 6 号	
11	滕州市博物馆	868	3	滕州市学院路 82 号	
12	滕州市汉画像石馆	556	2	滕州市府前东路 1 号	
13	滕州市图书馆	70	1	滕州市善国北路 31 号	

14	王学仲艺术馆	100	3	滕州市塔寺路 20 号	
15	滕州市墨子纪念馆	100	1	滕州市塔寺路 78 号	
16	滕州市鲁班纪念馆	120	3	滕州市龙泉文化广场	
17	滕州市墨砚馆	150	1	滕州市塔寺街 78 号	
18	枣庄市城市建设档案馆	10	3	市中区文化西路 36 号	系统外
19	世界语博物馆 （枣庄学院）	140	3	市中区北安路 1 号	
20	枣庄中兴文化博物馆 （枣庄新中兴实业有限责任公司）	50	3	市中区北马路 8 号	
21	枣庄市档案馆	821.25	3	薛城区和谐路 492 号	
22	中陈郝瓷窑博物馆	900	5	薛城区邹坞镇中陈郝村	
23	薛城区档案馆	60	6	薛城区永兴东路 343 号	
24	枣庄矿业（集团） 有限责任公司	50	6	薛城区泰山路 118 号	
25	监狱博物馆 （山东省滕州监狱）	0	2	台儿庄古城内车大路中段	
26	台儿庄战史陈列馆	30	2	台儿庄区文化路 196 号	
27	中华珠算博物馆 （枣庄市会计管理局）	800	3	台儿庄古城内兰祺河西侧	
28	中国邮政博物馆台儿庄分馆 （山东省邮政公司枣庄分公司）	590	2	台儿庄古城内丁字街北首	
29	台儿庄运河奏疏展馆 （台儿庄古城旅游发展有限公司）	300	2	台儿庄古城内北河涯东段路北台庄闸闸官署旧址	

30	私塾文化展馆（台儿庄古城旅游发展有限公司）	100	2	台儿庄古城内大衙门街西段路北翠屏学馆旧址	系统外
31	台儿庄大战遗物陈列展馆（台儿庄古城旅游发展有限公司）	80	2	台儿庄古城内大衙门街东段路南义丰恒旧址	
32	台儿庄大战故事馆（台儿庄古城旅游发展有限公司）	80	2	台儿庄古城内大衙门街东段路南义丰恒旧址	
33	滕州市柴胡店镇人民政府	0	0	滕州市柴胡店镇人民政府	
34	滕州市档案馆	120	2	滕州市北辛中路 100 号政务中心	
35	滕州市党史研究室	0	1	滕州市北辛中路 100 号政务中心	

按行政区划统计收藏单位数量：市中区 5 家、薛城区 6 家、峄城区 1 家、台儿庄区 12 家、山亭区 1 家、滕州市 10 家，合计 35 家。

枣庄市国有可移动文物收藏单位数量
（按行政区划）

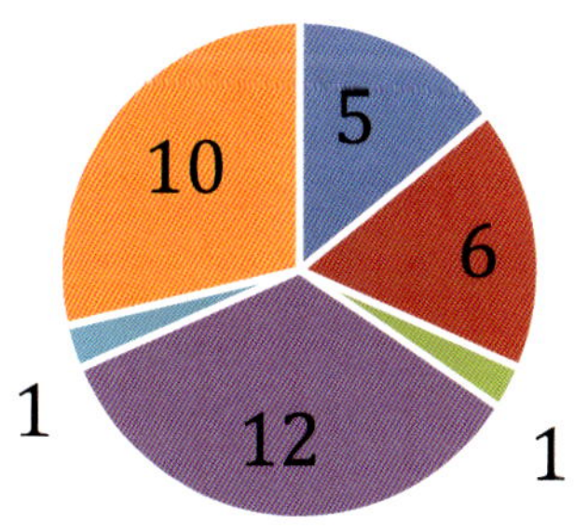

按收藏单位隶属关系统计收藏单位数量：省属收藏单位 4 家、市属收藏单位 6 家、区（市）属收藏单位 24 家、乡镇街道属收藏单位 1 家，合计 35 家。

枣庄市国有可移动文物收藏单位数量
（按隶属关系）

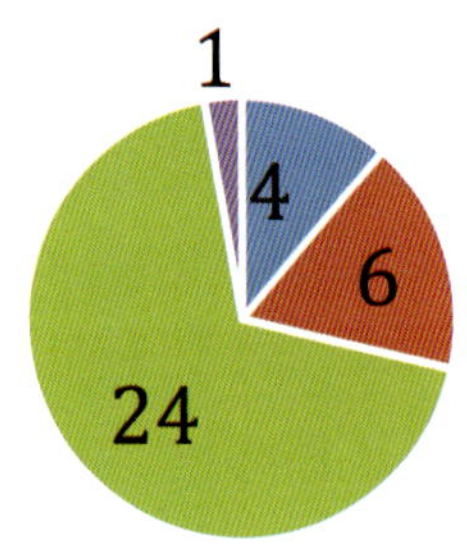

■ 省属 ■ 市属 ■ 区（市）属 ■ 乡镇街道属

按收藏单位性质统计收藏单位数量：国家机关 3 家、事业单位 24 家、国有企业 7 家、其他 1 家，合计 35 家。

枣庄市国有可移动文物收藏单位数量
（按单位性质）

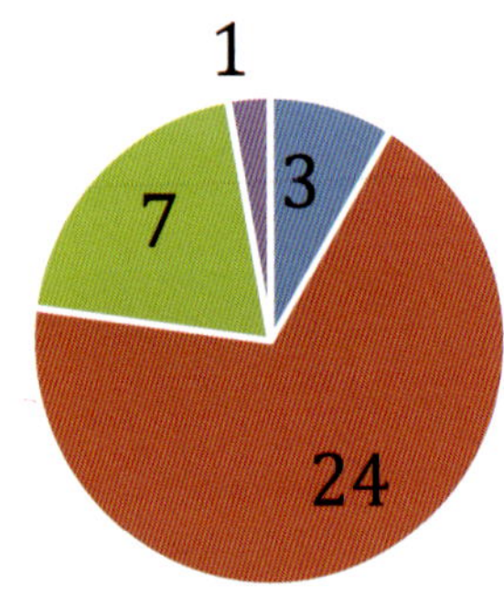

■ 国家机关 ■ 事业单位 ■ 国有企业 ■ 其他

按收藏单位类型统计收藏单位数量：博物馆、纪念馆 15 家，图书馆 3 家，档案馆 4 家，其他 13 家，合计 35 家。

枣庄市国有可移动文物收藏单位数量
（按单位类型）

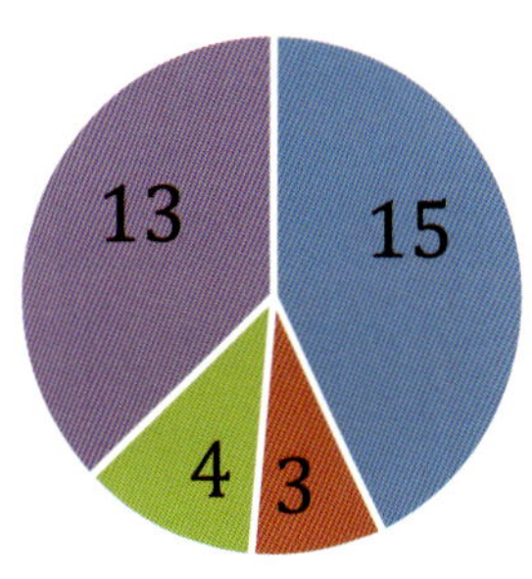

■ 博物馆、纪念馆 ■ 图书馆 ■ 档案馆 ■ 其他

按收藏单位所属行业统计收藏单位数量：采矿业 2 家，交通运输、仓储和邮政业 1 家，科学研究、技术服务和地质勘查业 1 家，教育 1 家，卫生、社会保障和社会福利业 1 家，文化文物、体育和娱乐业 22 家，公共管理和社会组织 7 家，合计 35 家。

枣庄市国有可移动文物收藏单位数量
（按所属行业）

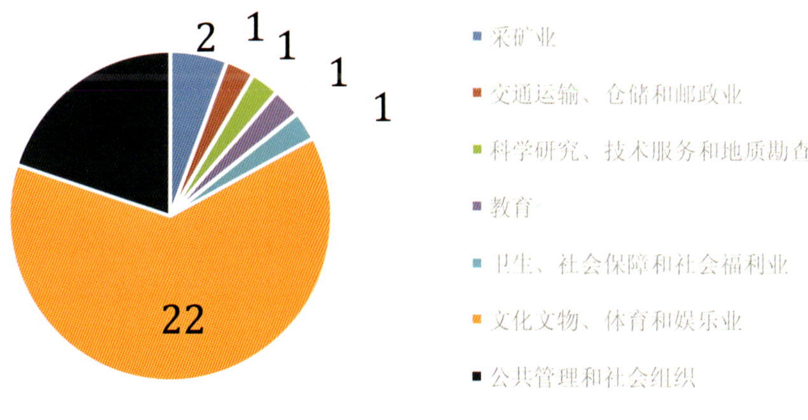

3. 可移动文物数量分布情况

按行政区划统计可移动文物数量：滕州市 55858 件（套）、薛城区 1912 件（套）、山亭区 204 件（套）、市中区 18057 件（套）、峄城区 300 件（套）、台儿庄区 1364 件（套），合计 77695 件（套）。

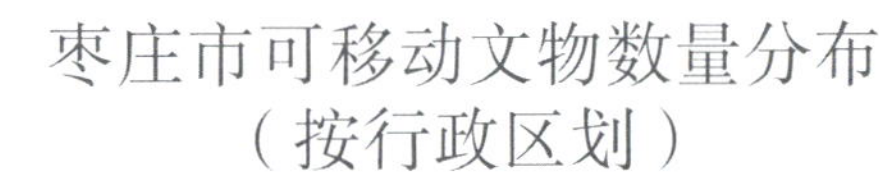

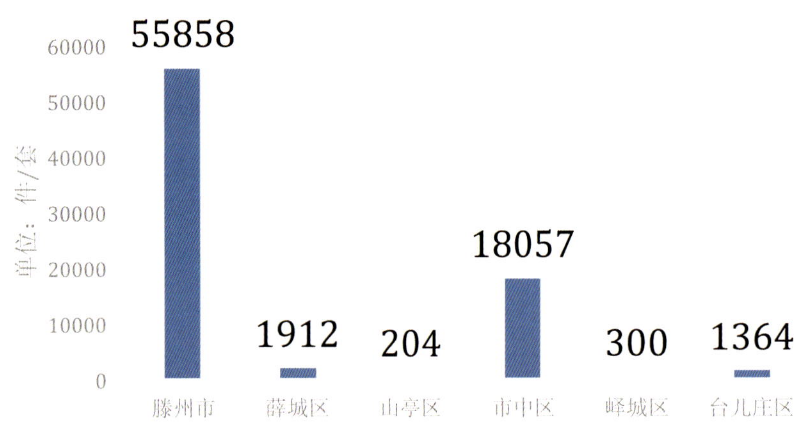

按收藏单位隶属关系统计可移动文物数量：省属收藏单位收藏 2711 件（套）、市属收藏单位收藏 16160 件（套）、区（市）属收藏单位收藏 58646 件（套）、乡镇街道属收藏单位收藏 178 件（套），合计 77695 件（套）。

枣庄市可移动文物数量分布
（按隶属关系）

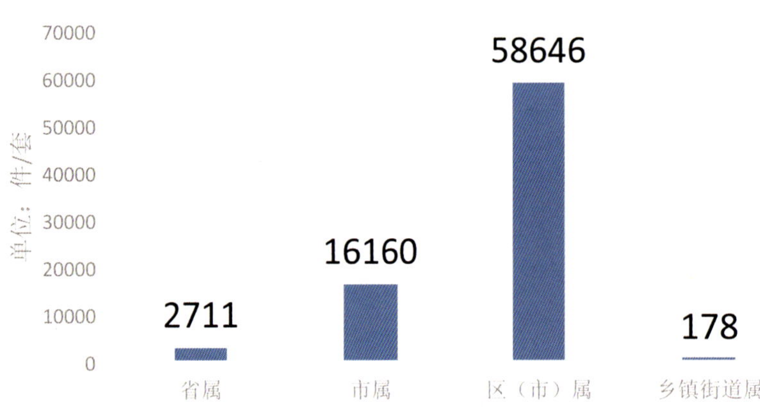

按收藏单位性质统计可移动文物数量：国家机关收藏 211 件（套）、事业单位收藏 76434 件（套）、国有企业收藏 872 件（套）、其他单位收藏 178 件（套），合计 77695 件（套）。

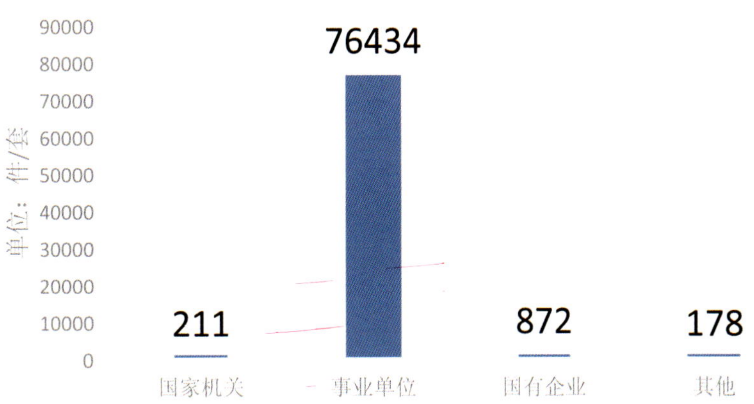

按收藏单位类型统计可移动文物数量：博物馆、纪念馆收藏 74570 件（套），图书馆收藏 641 件（套），美术馆收藏 0 件（套），档案馆收藏 36 件（套），其他单位收藏 2448 件（套），合计 77695 件（套）。

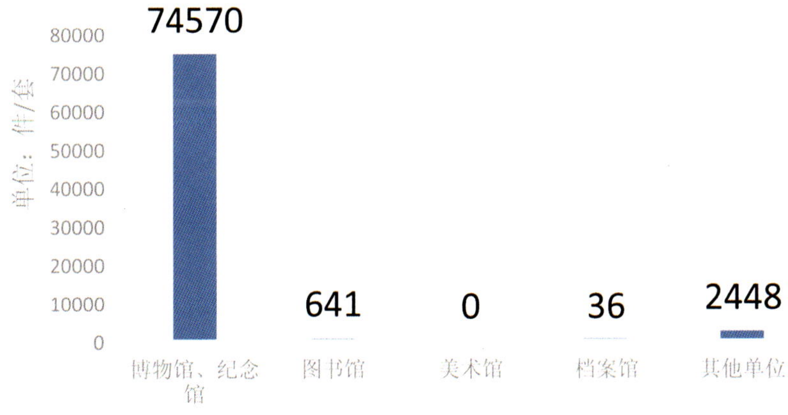

三、普查工作方法

（一）组织保障

枣庄市成立了以市政府分管文物工作的副市长牵头，31家市直部门参与的文物管理委员会，负责普查工作的组织、领导和协调；组建了枣庄市第一次可移动文物普查工作办公室，下设专家组和工作组，具体指导各地开展普查工作。各区（市）均成立了普查办，分级负责本行政区域普查的组织、协调工作。

2014年3月3日，枣庄市政府召开“全市文化广电新闻出版（文物）工作会议”。所属各区（市）分管区（市）长、文广新局局长、文物局局长、市文物管理委员会领导小组成员单位、市文广新系统副县级以上领导干部参加会议。枣庄市副市长霍媛媛代表市政府与各区（市）政府签订了《可移动文物普查政府责任书》。会议要求各区（市）、各有关方面要按照责任书要求，高质量地完成第一次全国可移动文物普查任务。要切实加强统筹协调，完善保障措施，加大工作力度，确保普查工作落到实处。

（二）人员选调与培训

（1）选调人员，组建普查队伍。按照国家文物局《关于发放第一次全国可移动文物普查普查员证的通知》（办普查函〔2013〕636号）相关要求，根据普查工作需要，我市普查工作启动前便成立了由市普查办及各区（市）普查办组织的普查员队伍。

普查员是普查任务的直接承担者，负责上门指导国有单位对所收藏、保管的可移动文物进行调查和文物认定，指导信息采集、审核、登录、建档等工作，普查员的技术水平高低对普查工作起着举足轻重的作用。各级普查机构组织选定本级文博系统的专业人员和其他系统的相关业务人员，经过上岗培训，颁发普查员证。普查员证实行“一人一号一证”，由国家文物局统一下发至各省可移动文物普查领导小组办公室，然后逐级下发。截至2014年4月底，全市普查员队伍共82人，全部持证普查。这些普查员年富力强，具有较高的工作热情和扎实的专业理论知识，并且长期坚守在文物工作一线，具有丰富的基层文化工作经验，在实地摸底调查和汇总建档工作中发挥了极大的作用。

枣庄市第一次全国可移动文物
普查骨干培训会

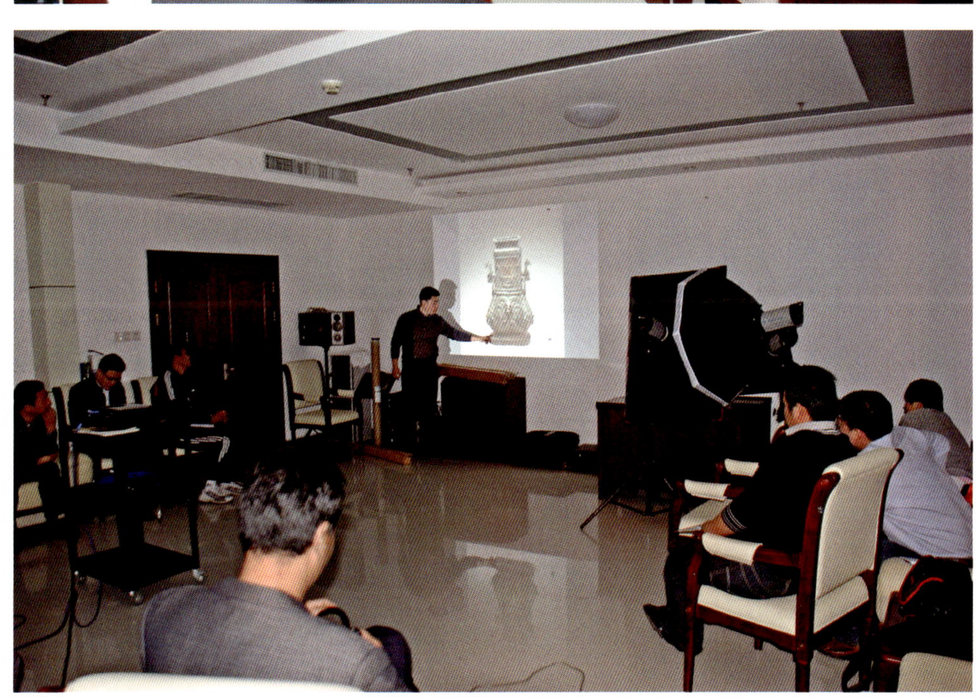

枣庄市第一次全国可移动文物
普查培训

（2）积极开展普查培训和经验学习交流。2013年，我市举办文物普查培训班10期，培训普查人员300余人次。2014年举办普查培训班10期，培训普查人员200余人次。2015年举办业务培训班5期，培训各级普查办负责人、业务骨干等100余人次。此外，2015年各区（市）共举办普查业务培训班3期，培训人员75人次。总投入人员：专家组成员8人，普查办工作组成员25人，收藏单位工作人员、志愿者100人以及枣庄学院学生80人。

（3）利用大学生寒暑假和社会实践的机会，枣庄市博物馆积极从枣庄籍大学生中选择志愿者，先后有东南大学、枣庄学院等高校的大学生参与到文物信息采集工作中，既锻炼了大学生们的社会经验，加深了大学生们对家乡历史文化的认识，又加快了单位的文物信息采集登录进度。

（4）滕州市博物馆将退休的老专家重新返聘，既提高了文物信息采集的准确性，又发挥了老专家的余热，老专家们的一言一行极大地调动了普查员们的工作积极性。为按时完成普查任务，普查员们加班加点，错峰上传，确保了上传信息的准确完整。

滕州市博物馆返聘老专家在拣选铜钱

（5）枣庄学院世界语博物馆作为亚洲最大的世界语专业博物馆，吸引着全世界的世界语爱好者，2015年，日本年逾七旬的前国际世界语协会亚洲委员会主席佐佐木先生志愿参与到世界语博物馆的信息采集登录工作中；旅居西班牙的退休教授胡旭全程参与了世界语博物馆的普查工作，并长期志愿服

枣庄学院世界语博物馆工作人员
在对藏品进行整理

枣庄学院世界语博物馆志愿者
在对藏品进行整理

务于世界语博物馆；更多的是枣庄学院的大学生志愿者，利用节假日和寒暑假进行信息采集登录；更为难得的是世界语博物馆的管理者们均为枣庄学院对外交流处的教师，他们除了完成学院繁重的对外交流工作，还在博物馆的管理运营方面花费了大量时间和精力。

（三）经费投入

针对这次普查的特殊性和艰巨性，市级财政部门与文物部门紧密协作，不断加大工作力度，采取多种措施保证普查专项经费的投入，要求各区（市）严格按照省财政厅、省文物局《关于转发 < 财政部国家文物局关于加强第一次全国可移动文物普查经费保障与管理的通知 > 的通知》（鲁财教〔2013〕77 号）要求，不折不扣地予以执行。2013 年，市级财政安排普查专项资金 20 万元，用于文物普查前期的培训和准备工作。各区（市）也将普查经费纳入了本级财政预算，确保了普查工作的顺利开展。2014 年全市共落实普查经费总额 75 万元，其中枣庄市 20 万元、滕州市 35 万元、市中区 10 万元、山亭区 5 万元、峄城区 5 万元；2015 年全市共落实普查经费总额 66.5 万元，其中枣庄市 20 万元、滕州市 30 万元、山亭区 5 万元、峄城区 1 万元、薛城区 10.5 万元；2016 年全市共落实普查经费总额 21 万元，其中枣庄市 20 万元、峄城区 1 万元。2013~2016 年普查经费总计 182.5 万元。

总体来看，我市的绝大部分区（市）均按照要求落实了本级文物普查以及与文物普查相关的工作经费。市普查办积极协调各区（市）普查办建章立制，确保专款专用，在经费紧张的情况下切实提高资金使用效率，确保我市的可移动文物普查工作顺利完成。

（四）宣传动员

为了提高广大群众对国有可移动文物普查的认知度，我市在“一普”工作伊始便着重加大普查工作的宣传力度，搭建多种文物普查宣传平台，进行广泛宣传动员工作，确保普查工作信息传输的快捷和工作联络渠道的畅通。

2014 年 5 月 27 日，枣庄市文物管理委员会制定了《枣庄市第一次全国可移动文物普查宣传方案》，内容主要包括：

（1）结合“国际博物馆日”“世界文化遗产日”等活动，就国有可移动文物普查工作的目的和意义，范围和内容、时间安排等进行全市范围内的广泛宣传。

（2）通过举办“枣庄市第一次全国可移动文物普查成果展”、制作“普查成果”展牌等形式，及时宣传发布普查成果。

枣庄市普查办在“山东文博”网站上刊登的信息

（3）多渠道、多方式宣传。普查工作人员利用节假日时间走到街头巷尾散发“一普”宣传单及图册；《枣庄日报》《枣庄晚报》多次专版专栏报道我市第一次可移动文物普查进展情况；通过微博、门户网站等新媒体宣传。

（4）利用新媒体加大宣传力度。2014年7月，市普查办开通了第一次可移动文物普查微信公众平台，利用新媒体灵活的宣传方式及时向社会各界展示普查成果。

在普查宣传工作中，普查队员不仅是文物调查的行家里手，也成了文物保护的宣传员，大力宣传文物保护法律法规，并以此为契机带动全社会关心、支持文物保护事业，形成了“人人参与、人人保护、人人共享”文化遗产的保护工作态势。

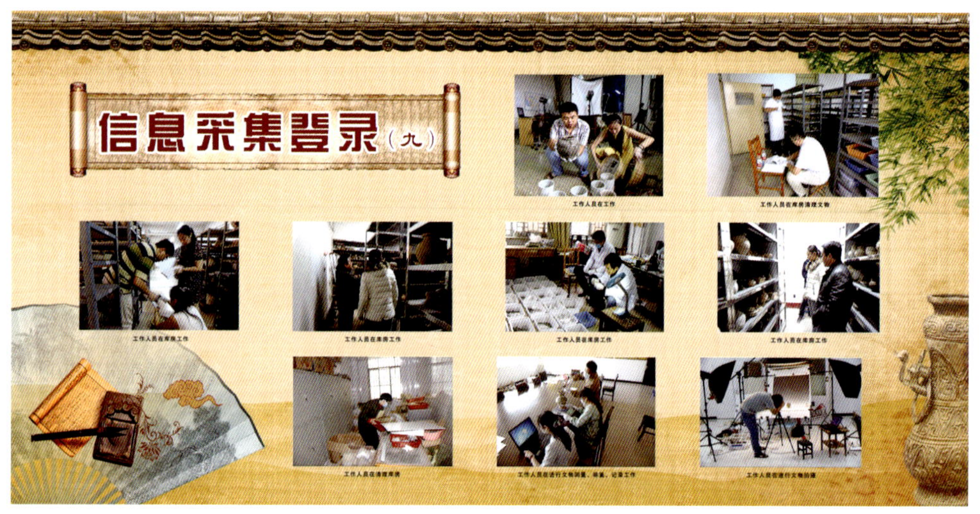

枣庄市普查办制作的
可移动文物普查宣传展板

枣庄广播电视台
做“一普”专访

（五） 解决普查工作重点和难点的方法

在国有单位调查阶段，市普查办和各区（市）普查办克服人员少、时间紧、点多面广的实际困难，采用领导协调、电话调查、登门拜访、信件邮寄等多种形式，有的放矢地实施重点突破，力争在短时间内实现“双百”目标；在信息采集这一核心阶段，针对系统外收藏有文物的国有单位的实际困难，市普查办组织协调全市专业技术力量实施“歼灭战”方式，利用节假日，逐个“击破”；对收藏量大的单位实施骨干带动战略，派出经验丰富的专家驻点指导、培训，确保了信息采集的准确性和完整性。

正是由于市普查办对各个阶段可能出现的问题和困难有了准确的预判，正确而且及时地采取了一系列切实有效的措施，才使我市的文物普查工作能如期超额完成。

（六） 普查工作创新

由于这是中华人民共和国成立以来第一次可移动文物普查，没有经验可循，我市充分吸收借鉴试点省市的成功经验，针对每一个国有收藏单位的具体情况，充分发挥市级专家组的咨询保障作用，全体普查队员边干边学，遇到问题集思广益，共同协商解决，在实战中总结提炼了不少的成功经验，例如：枣庄市博物馆动员全馆工作人员积极参与到普查工作当中，在不影响本职工作的前提下，力所能及地承担输入或登录工作，大家分工协作，早来晚走，借助这次可移动文物普查对馆藏文物有了更清晰的认识，业务水平也有了明显提高。其中，年近六旬的石敬东研究馆员在这次普查工作中不仅在馆里发挥了极其核心的作用，对全市系统外的国有收藏单位的信息采集也倾注了大量心血，为年轻的从业者树立了榜样，体现了一个市级优秀共产党员的先锋模范作用。

枣庄矿业集团是省属单位，其前身中兴煤矿公司的珍贵档案大多存放于该集团档案馆内。由于这批档案时代久远，按照省普查办要求，市普查办专门派出骨干信息采集小组，利用 2 周时间，全面彻底地将这批珍贵档案的信息采集完毕，同时以“干”代“训”，将该馆的档案管理员培训成合格的文物保管员。

滕州市博物馆作为我市成立最早的县级博物馆，收藏量巨大，为了更快更好地完成这次普查，该馆抽调馆里骨干力量，并将退休专家重新予以返聘，组成 3 个信息采集小组，放弃节假日时间，全力以赴进行普查，较好地完成了普查和清库的任务，也为文物藏品下一步的合理利用打下了坚实基础。

（七）普查专业队伍和基础设施、设备提升情况

枣庄市第一次全国可移动文物普查人员共有 101 人，其中文博系统 90 人，占总人数 89%，市、区（市）其他国有单位 11 人，占总人数 11%。

类别	系统内国有单位普查员	系统外国有单位普查员	合计
人数	90	11	101
比例	89%	11%	100%

枣庄市各级普查办先后组织28场次培训班，累计培训普查人员675人次。参加培训班期间，大家认真学习《第一次全国可移动文物普查工作手册》《普查藏品登录操作手册》及其他相关专业知识，学习如何操作普查工作中使用的工具及软件，提高了自身素质和实际工作能力。

开展第一次全国可移动文物普查以来，针对这次普查的特殊性和艰巨性，市级财政部门与文物部门紧密协作，采取多种措施保证普查专项经费的投入，各级普查办保证普查经费专款专用。为了方便普查工作的开展，各单位统一采购了笔记本电脑、数码相机、数码录像机、打印机、移动硬盘等设备，使办公设备得到了明显改善。

第二章 枣庄市主要国有博物馆、纪念馆

博物馆是征集、保藏、陈列和研究代表自然和人类的实物，并为公众提供知识、教育和欣赏的文化教育机构。目前，枣庄市共有省文物局备案博物馆、纪念馆 21 家，其中国有博物馆、纪念馆 14 家，全部常年对外免费开放，年接待境内外观众 500 余万人次，较好地发挥了博物馆社会教育服务功能，成为我市公共文化服务体系的重要组成部分。近年来我市非国有博物馆建设也取得了长足的发展，截至目前，经省文物局备案并公示的非国有博物馆共 7 家，是我市国有博物馆的有益补充，更是我市博物馆体系建设的重要力量。下文选取备案的 21 家中的 14 家国有博物馆、纪念馆以及尚未备案的 5 家国有博物馆、纪念馆进行简要介绍。

一、枣庄市博物馆

枣庄市博物馆建立于1984年，建筑面积约6000平方米，展厅面积3600平方米，是一座综合性地志博物馆，主要从事文物收藏、陈列、研究等业务工作，是枣庄市文物收藏管理、展陈利用、传统文化教育、考古研究与对外文化交流的中心。

现馆藏文物近16000件（套），包括一级文物5件，二级文物38件，三级文物208件（套）。其中，峄城区徐楼出土的镶嵌红铜青铜器和山亭区东江遗址出土的小邾国青铜器均极为珍贵。馆内现有3个常设展览："枣庄历史文物展"，展出从北辛文化至明清的各类典型文物500余件；"小邾国贵族墓地出土文物专题展"，集中展出了东江遗址出土的珍贵文物200多件；"汉画像石展"，展出我市多年来征集和发掘的汉画像石150余块。

近年来，为加强地域文化交流，让馆藏文物"活起来"，市博物馆通过"走出去"和"请进来"的方式不断丰富展陈内容，每年举办数十场主题鲜明的临时展览和丰富多彩的社会教育活动，以满足公众的多元文化需求，并取得了良好社会效益。

参观服务：

地　　址：枣庄市市中区龙庭路56号

开放时间：周二至周日 8:30-11:30 14:30-17:00

面向社会免费开放

预约电话：0632-3678277

网　　址：http://www.zzsbwg.com

枣庄市博物馆全景

展厅实景

春秋伏鸟罍形器

春秋佥父瓶

战国“梁二釿”平首圆肩布

春秋郳君庆圆壶（一对）

二、滕州市博物馆

滕州市博物馆建立于1958年，占地面积7326平方米，建筑面积5754平方米，展厅面积1200平方米，是集历史、艺术、人文于一体的综合性、多功能、现代化地方博物馆。

现馆藏文物52000余件（套），其中一级文物56件，二级文物74件，三级文物33件。馆内现有史前文化厅、玉器厅、商周文化厅、兵器厅、钱币厅和字画厅6个基本展厅，涵盖了从距今7300年前的北辛文化到各个历史时期的珍贵文物。其中，数量众多、纹饰精美、铭文丰富的商周青铜器享誉全国，青铜器收藏量居全国县级前列，省内首位。2015年，滕州市博物馆成功入选山东省“十佳博物馆”，三件文物入选“齐鲁瑰宝”。

在建新馆位于滕州市龙泉文化广场，建成后，将进一步提升滕州市博物馆综合服务水平，成为滕州市公共文化服务体系的重要组成部分。

展厅实景

滕州市博物馆全景

新石器时代龙山文化玉璇玑

参观服务：

地　　址：滕州市学院路 82 号

开放时间：周二至周日 9:00-11:30　14:00-17:00

面向社会免费开放

预约电话：0632-5503536

网　　址：www.tengzhoumuseum.com

商兽面纹铜鼎

西周不其簋

西周滕侯鼎

西周滕侯簋

三、滕州市汉画像石馆

滕州市汉画像石馆建立于1996年，建筑面积9100平方米，是鲁南地区最大的专题博物馆，为全国三大汉画像石专题馆之一。

现馆藏汉画像石近1000块，共设精品厅、石椁厅、墓室厅及祠堂厅4个展厅。馆藏画像石自汉武帝延续至魏晋，以画面细腻丰满的特点，在全国汉画像石领域独具特色，题材包括神话传说、历史故事、社会生活、科学艺术等；雕刻技法有浅浮雕、高浮雕及阴线刻等。其中，宏道院出土的《冶铁图》为我国仅有的汉代冶铁图像，已闻名海内外史学、冶金学界；龙阳店出土的《纺织图》为研究汉代纺织手工业提供了极为珍贵的形象资料；“延光元年”“永元十一年”“元嘉三年”等纪年画像石，又为研究汉代画像石分期提供了宝贵资料。

近年来，滕州市汉画像石馆以其珍贵的文物资源、人性化的服务理念和完善的设施接待了大量中外游客和专家学者，成为研究汉代文化、弘扬汉画艺术、进行学术研究、沟通中外文化交流的重要基地之一。

参观服务：

地　　址：滕州市府前东路1号龙泉文化广场

开放时间：周二至周日 9:00-11:30　14:00-16:30

面向社会免费开放

预约电话：0632-5615261

网　　址：http://www.tzhhxsg.com

滕州市汉画像石馆全景

滕州官桥周穆王拜见西王母画像石拓片

墓室厅

汉永元十一年执笏画像石

汉永元十一年执笏画像石拓片

四、王学仲艺术馆

王学仲艺术馆（滕州市美术馆）于1988年3月建成开馆，建筑面积3000平方米，是以我国当代著名滕州籍书画家、艺术理论家、学者王学仲先生命名的公益性文化事业机构。2012年6月，滕州市美术馆成立，与王学仲艺术馆合署办公。

王学仲艺术馆共征集书画作品1200余件。其中，王学仲先生无偿捐赠700余件，包括了其在不同时期创作的书画作品以及收藏的唐寅、郑板桥、徐悲鸿等历代名人字画和珍贵文物；其余近500件书画作品为建馆近30年来通过向社会各界书画名家征集、举办书画展览、书画家无偿捐赠所得。馆内设有王学仲书画展览大厅、历代书画珍品室、文物展室、油画展厅、名家贺作厅、“已出楼”临展厅、黾学研究会。

王学仲艺术馆全景

本馆收藏的宋代十米长卷《琅琊王氏族谱》，极为珍稀，为镇馆之宝。《宋右军后裔将相名家画像敕牒宋谱》为目前极少数的传世宋代绢画之一，千百年来历经兵火战乱，至今保存尚好，实为难得。

参观服务：

地　　址：滕州市塔寺路 20 号

开放时间：周二至周日 9:00-11:00　14:00-16:30

面向社会免费开放

预约电话：0632-5514578

网　　址：http://wxz.tengzhou.gov.cn

1948 年徐悲鸿《奔马图》

王学仲《思故乡》

五、滕州市墨子纪念馆

滕州市墨子纪念馆于1993年建成并对外开放，占地面积20000平方米，建筑面积8000平方米，是唯一一座专门研究墨子文化，收集墨子资料，展示墨子研究成果的场馆。

纪念馆由墨子生平事迹展厅、科技军事成果展厅、研究成果展厅、古今名人评墨子书法展室、国际学术会堂等组成，集学术研讨、图书资料收藏、科技教育、参观游览于一体，是墨学文化传承和研究的重要场所。

参观服务：

地　　址：滕州市塔寺路78号

开放时间：周二至周日 8:30-11:30 13:00-16:30

面向社会免费开放

预约电话：0632-5266712

网　　址：http://www.chinamozi.net

军事厅　战国时期连弩车模型　战国时期抛石车模型

滕州市墨子纪念馆全景

墨子军事

唯物师祖
科圣墨

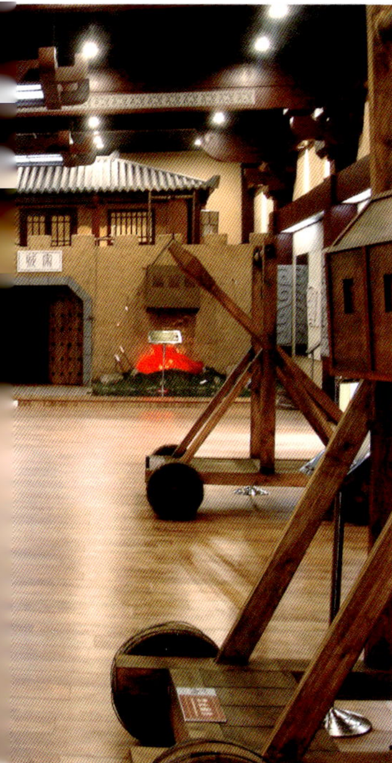

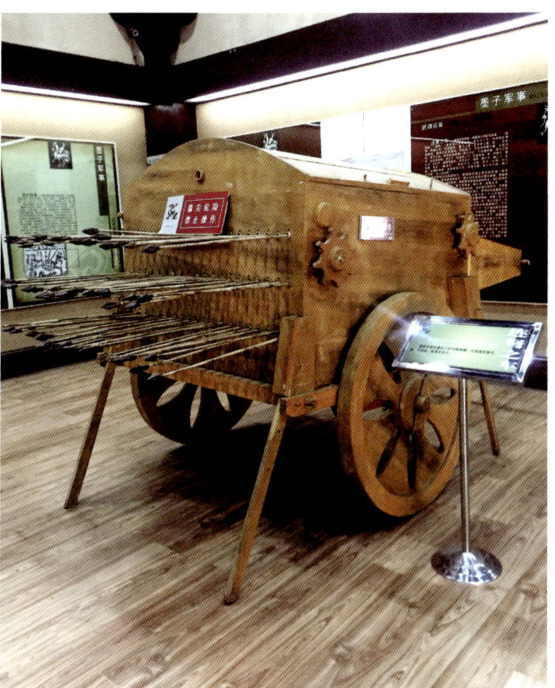

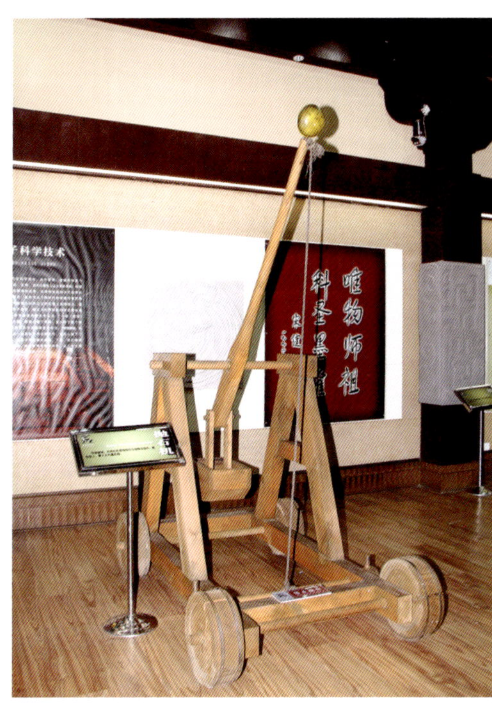

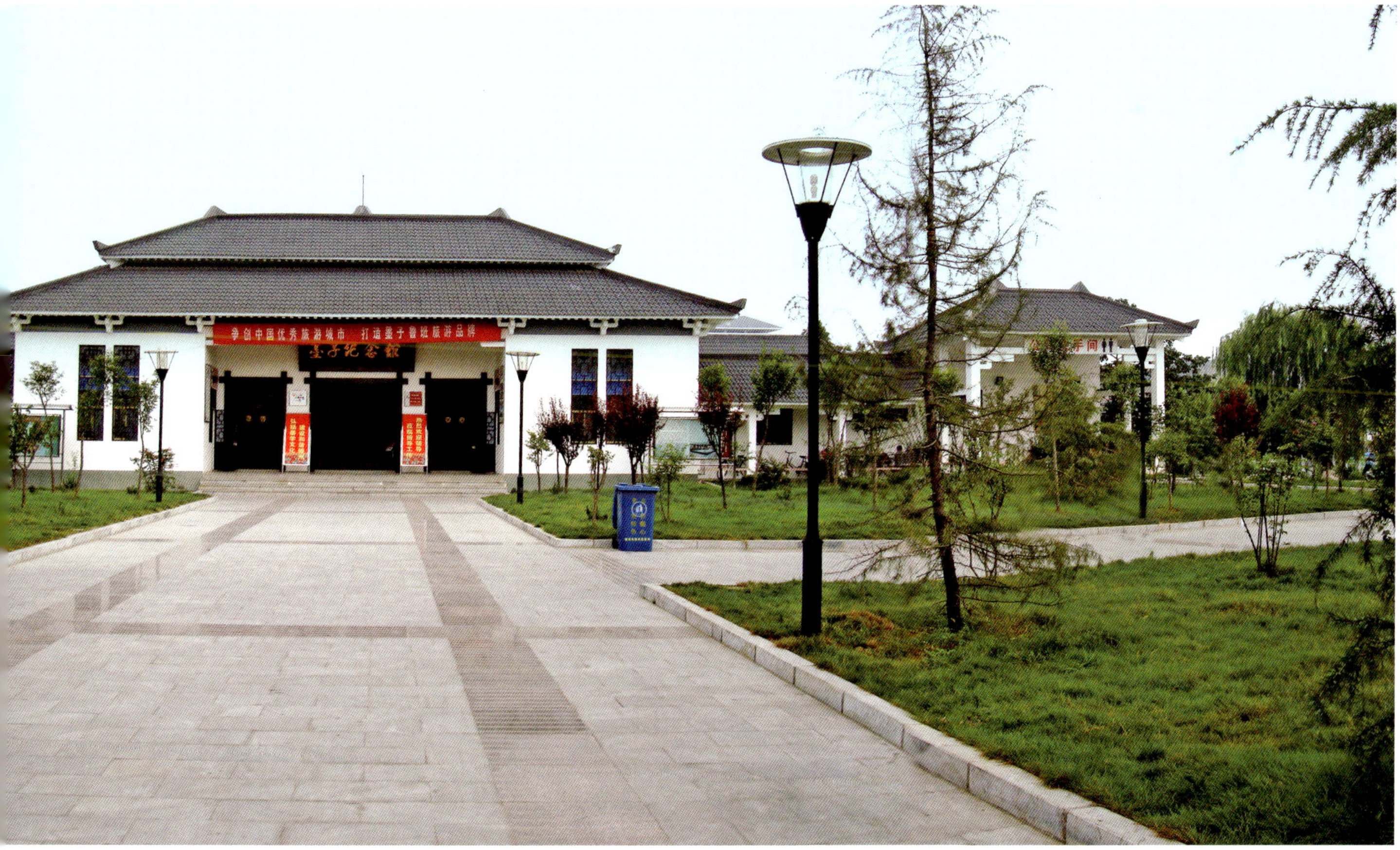
争创中国优秀旅游城市　打造墨子鲁班旅游品牌

六、滕州市鲁班纪念馆

滕州市鲁班纪念馆于2010年开馆，建筑面积8600平方米，是目前全国建筑体量最大、功能最全的纪念鲁班的专门场馆，是鲁班传承科技发明展示中心、寻根感恩祭拜中心、爱国主义教育中心、旅游休闲体验中心、鲁班文化传承中心。

纪念馆现设有祭拜大厅、航天厅、木器馆、石器馆等，共收集有价值实物1万余件，通过展品陈列、科学故事讲述、多媒体电子设备互动，集学术研讨、文物收藏、科普教育、游览参观等于一体，使游客在参观之时全面系统地了解鲁班发明创造在近现代的传承与应用，以及当今世界最具代表性的科学技术与鲁班之间的联系，使科学知识真正走近百姓身边。

参观服务：

地　　址：滕州市龙泉文化广场

开放时间：周二至周日 8:30-11:30　13:00-16:30

面向社会免费开放

预约电话：0632-5151866

滕州市鲁班纪念馆全景

公输堂模拟场景　　鲁班堤模拟场景

七、滕州市墨砚馆

滕州市墨砚馆于2006年开馆，建筑面积3350平方米，是传承和弘扬中国砚文化的重要场所之一。

墨砚馆现收藏有王玉玺先生捐赠给山东大学滕州市墨子研究中心的442方珍藏砚和近200幅名家书法作品。馆藏砚台门类齐全，品种繁多，从先秦至明清的典型砚台，石砚、玉砚、瓷砚等十余种不同材质砚台均有收藏，如此全面、系统、科学展出中国砚台的专业场馆为国内少有。

参观服务：

地　　址：滕州市塔寺路78号

开放时间：周二至周日 8:30-11:30 13:00-16:30

面向社会免费开放

预约电话：0632-5266708

滕州市墨砚馆全景

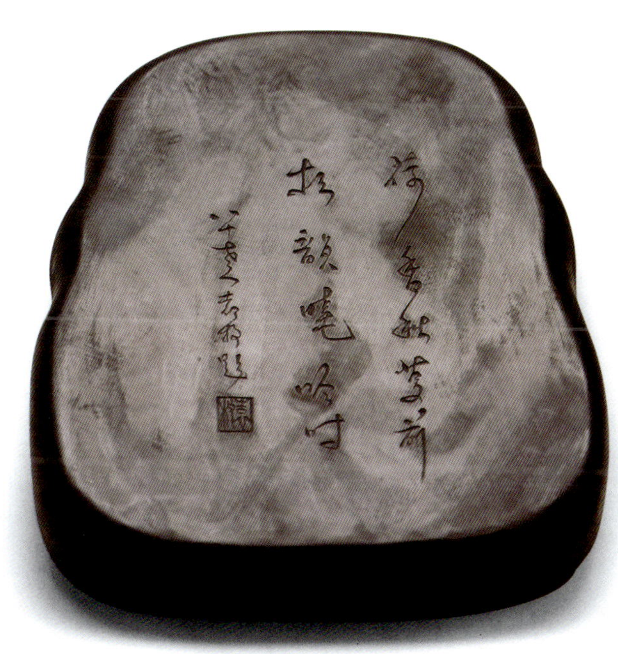

清长寿龟砚

八、台儿庄大战纪念馆

台儿庄大战纪念馆于1993年台儿庄大战胜利55周年之际建成开放，展览面积达8400平方米，2015年被国务院公布为第一批80处国家级抗战纪念设施、遗址名录。

现馆藏文物史料3000余件，展出文物、图片和史料2000余件。馆内现有3个常设展览："台儿庄大战史料展"，主展线长500米，陈列着台儿庄大战时中日双方珍贵文物史料近千余件，通过对历史文物、历史图片、文献资料与各类辅助陈列手段有机结合，全面介绍了正面战场的第一次大捷；"《血战台儿庄》全景画展"，再现了台儿庄大战中我爱国将士浴血奋战、报效祖国的壮举，用鲜活的视觉形象教育人们"牢记历史、不忘过去、珍爱和平、开创未来"；"六十军史料展"，展出历史照片200余幅，文物100余件，文献200多件，真实再现了六十军众志成城、不怕牺牲、浴血奋战、重创日本侵略军的历史史实。

自开馆以来，纪念馆已接待国内外观众超过2600多万人次。现已成为全国重点文物保护单位、全国中小学爱国主义教育基地、全国百家爱国主义教育示范基地、中国侨联爱国主义教育基地、国家首批国防爱国主义教育基地、全国百家红色旅游经典景区、国家级抗战纪念设施。

台儿庄大战纪念馆全景

展厅实景

参观服务：

地　　址：枣庄市台儿庄区沿河南路 6 号

开放时间：周二至周日 8:30-17:00

面向社会免费开放

预约电话：0632-6612711

李宗仁佩剑

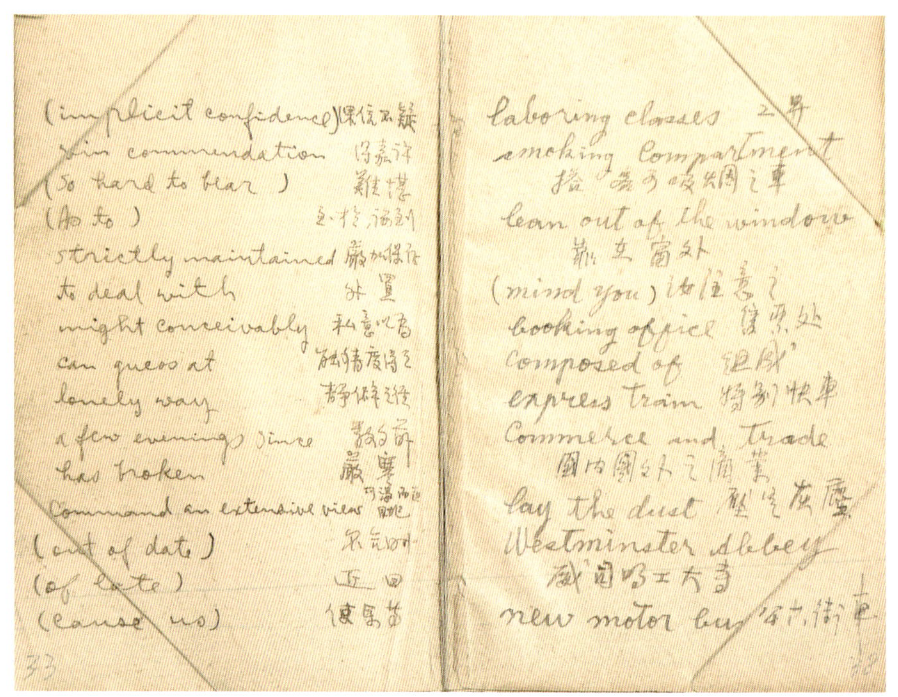

(implicit confidence)
in commendation
(so hard to bear)
(As to)
strictly maintained
to deal with
might conceivably
can guess at
lonely way
a few evenings since
has broken
Command an extensive view
(out of date)
(of late)
(cause us)

laboring classes
smoking compartment
lean out of the window
(mind you)
booking office
Composed of
express train
Commerce and trade
lay the dust
Westminster Abbey
new motor bus

何信烈士在航空学校时的英语笔记

中华民国冲锋枪

中华民国马克沁重机枪

九、贺敬之文学馆

贺敬之文学馆于1996年建成并对外开放，2016年增设柯岩馆，展览面积1400平方米，是贺敬之、柯岩文学研究的重要基地。

文学馆收藏有贺敬之藏书1万余册，实物展品300余件，珍贵图片200余幅，并展出了200余幅名人书画。文学馆设有贺敬之展厅、柯岩展厅、综合展厅、书画厅、文物厅等展厅，以文字塑型、图书绘画、实物收藏、名家书画及影视录像等展陈媒介，点面结合，动静相宜，全面介绍了贺敬之及夫人柯岩的人生历程和辉煌的文学成就，生动地再现了一代诗人、作家的风范。

参观服务：

地　　址：枣庄市台儿庄区古运路4号

开放时间：周二至周日 8:00-17:00

面向社会免费开放

预约电话：0632-6620251

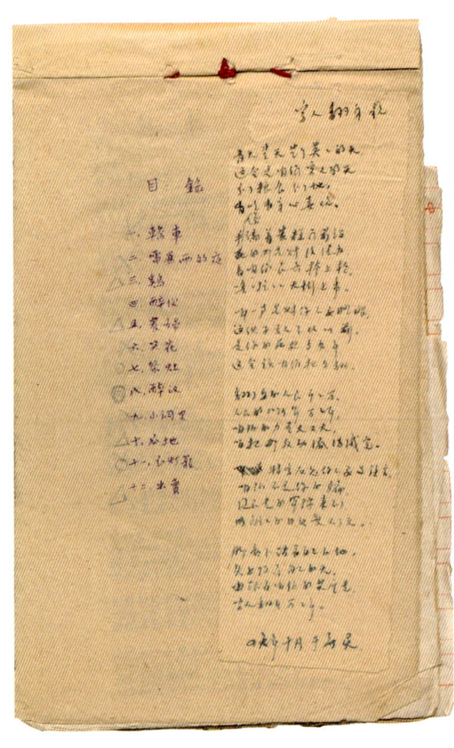

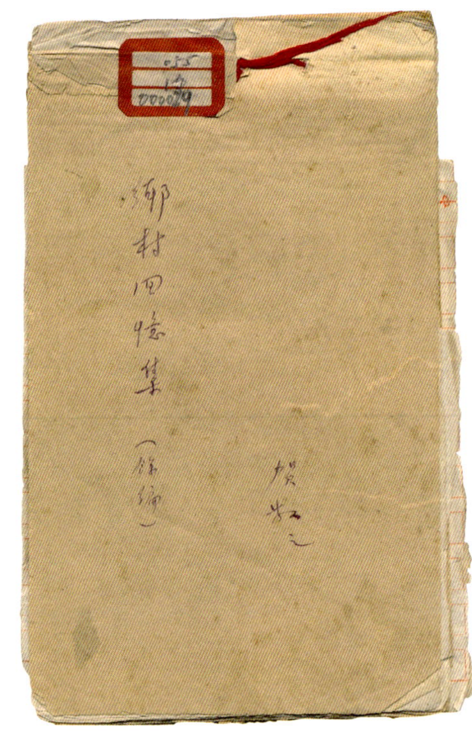

贺敬之手稿

贺敬之
文学馆全景

展厅实景

一〇、李宗仁史料馆

李宗仁史料馆建立于1995年，占地面积10000平方米，建筑面积1200平方米，是著名的爱国主义教育基地。

现藏有李宗仁先生各个历史时期的照片400余幅，文史资料1000余份，遗物和文物百余件，珍贵录像带一盘，所展实物均由李宗仁夫人胡友松女士捐赠。馆内设有四个展览厅和一个影视厅，以李宗仁先生一生"青春戎马，晚节黄花"和他指挥的台儿庄大战这一重大历史事件为主线，以大量翔实、珍贵的历史资料，全面展示了李宗仁先生曲折的爱国人生。

参观服务：

地　址：枣庄市台儿庄区康宁路8号（老火车站旧址）

开放时间：周二至周日 8:00-17:00

预约电话：0632-6612711

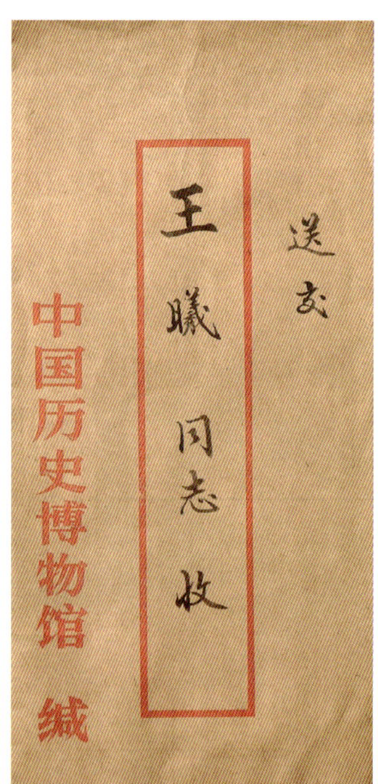

送交

王曦同志收

中国历史博物馆　缄

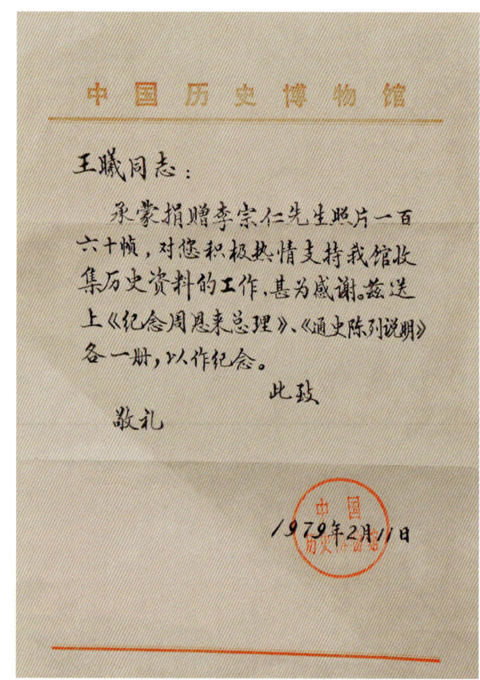

中国历史博物馆

王曦同志：

承蒙捐赠李宗仁先生照片一百六十帧，对您积极热情支持我馆收集历史资料的工作，甚为感谢。兹送上《纪念周恩来总理》、《通史陈列说明》各一册，以作纪念。

此致

敬礼

中国历史博物馆

1979年2月11日

1979年中国历史博物馆送交王曦同志的信

李宗仁史料馆外景

一一、世界语博物馆

世界语博物馆建立于2013年，展陈面积680平方米，为中华全国世界语协会与枣庄学院合作共建的国际性世界语专题博物馆，是世界上面积最大、功能最全的世界语博物馆，也是亚洲唯一的世界语博物馆。

博物馆收藏有来自21个国家捐赠的藏品4万余件，种类繁多，其中《安徒生童话选》《钦差大臣》《哈姆雷特》等世界名著的世界语译本，1947年全球限量500册再版柴门霍夫《世界语第一书》，20世纪30年代日本影印的1989年世界上第一份世界语报纸等价值极高。

博物馆设有柴门霍夫厅、国际厅、中国厅、地方厅及侯志平藏品陈列馆和李士俊纪念馆，馆内设计安装了内投球旋转地球、“聆听世界语”和“说出世界语”多功能语言听说体验区，并有小型学术报告厅及智能化藏品管理密集柜等设施。

世界语博物馆于2013年被山东省委宣传部、省社科联认定为省级社会科学普及教育示范基地，2015年被认定为全国社科普及教育基地，已成为世界语科普推广、学术研究、文物保护的重要平台之一。

展厅实景

1913 年日本东京寄往萨格勒布的明信片

1938 年第 35 届法国世界语大会贴花

世界语博物馆外景

参观服务：

地　　址：枣庄市市中区北安路 1 号枣庄学院

开放时间：周二至周日 9:00-18:00（预约参观）

预约电话：0632-3786905

网　　址：http://www.e-muzeo.com/

一二、枣庄中兴文化博物馆

枣庄中兴文化博物馆于 2016 年在中兴文化展室的基础上建立，展厅面积 800 平方米，是我市进行民族工业教育的重要平台。

博物馆收藏原中兴煤矿公司实物，中兴煤矿公司股东及后人、社会各界征集的实物和资料共 1500 余件。藏品涉及中兴煤矿公司图片、董事会章程、帐簿、书籍等档案资料，中兴煤矿公司发行的股票，日军占领时期存世资料，清末民初（中兴煤矿公司时期）生活用品等，全面展示了中兴煤矿公司的历史。其中，张学良、朱启钤股票极为珍贵。

博物馆现已集展示与研究于一身，先后出版多部中兴文集，已成为枣庄对外宣传的重要窗口，被山东省委宣传部公布为省级爱国主义教育基地和关心下一代教育基地。

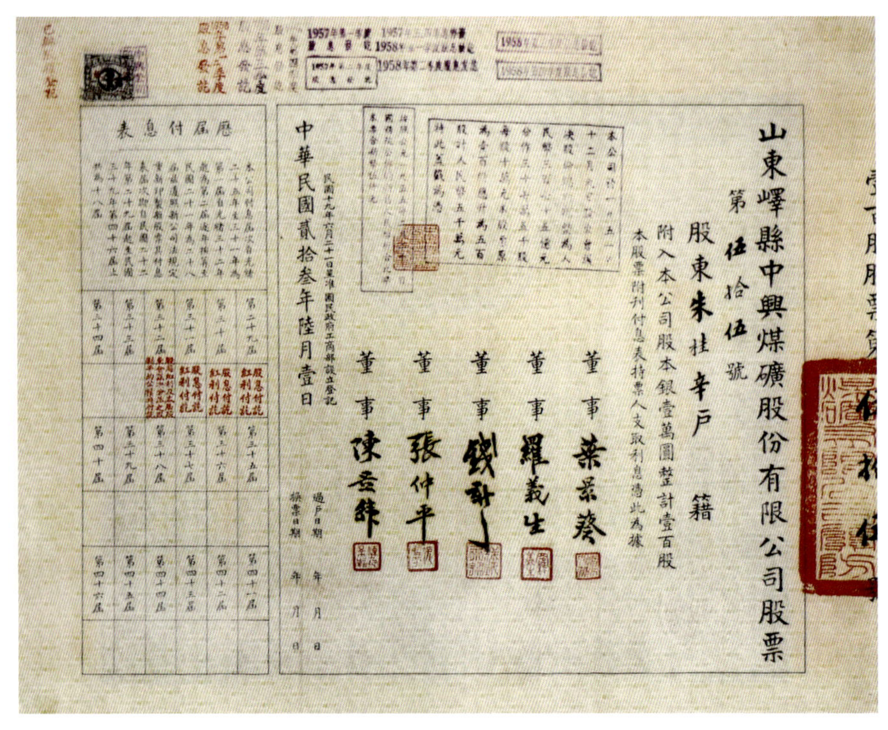

山東嶧縣中興煤礦股份有限公司股票

第伍拾伍號

股東朱桂辛戶 籍

附入本公司股本銀壹萬圓整計壹百股

本股票附刊付息表持票人支取利息憑此為據

董事葉景葵

董事羅義生

董事錢新之

董事張仲平

董事陳益餘

中華民國貳拾叁年陸月壹日

過戶日期 年 月 日

换票日期 年 月 日

歷屆付息表

朱启钤持有的中兴公司股票

20 世纪中兴公司印章

枣庄中兴文化博物馆全景

参观服务：

地　　址：枣庄市市中区北马路 8 号

开放时间：周一至周五 9:00-11:30 15:00-17:00

预约电话：0632-4074346

一三、监狱博物馆

监狱博物馆建立于2013年，总建筑面积约1160平方米，是我国第一所大纵深、全景式反映中国监狱历史文化和发展现状的专题性博物馆。博物馆分为六大展区，主要展示皋陶创制“五刑”、刑具房、历朝历代刑具、复原的参将署牢房和犯人码头。

参观服务：

地　　址：枣庄市台儿庄古城内车大路中段

开放时间：预约参观

预约电话：0632-6679128

监狱博物馆外景

中华民国大漆描金绘画观赏木枷锁

明永乐元年铁手铐

一四、台儿庄战史陈列馆

台儿庄战史陈列馆依托台儿庄革命烈士陵园而建，展陈面积 986 平方米。

常设展厅 3 个：第一展厅为古、近代战争厅，采用大量珍贵的历史资料、形象的雕塑、逼真的剧照，展现台儿庄地区古代和近代发生的战争展；第二展厅为现代战争厅，主要介绍抗日战争中国军队和中国共产党领导下的武装力量是怎样同日本侵略者生死搏斗，以及解放战争时期中国人民解放军同国民党反动派在台儿庄这块土地上先后开展的五次重大战役；第三展厅为英雄人物厅，记载着 38 位革命先烈令人折服的英雄事迹，展现了 16 位在战争前线立下汗马功劳的台儿庄籍一等功臣和 71 位共和国将帅在台儿庄指挥千军万马，历经百战，为台儿庄乃至全国的解放建立卓著功勋的超人智慧和胆略。

全馆用丰富翔实的史料、现代光电技术及微缩景观，生动地再现了这片英雄土地上的古今战争场景，着重展现了中国共产党领导的人民战争的伟大胜利。

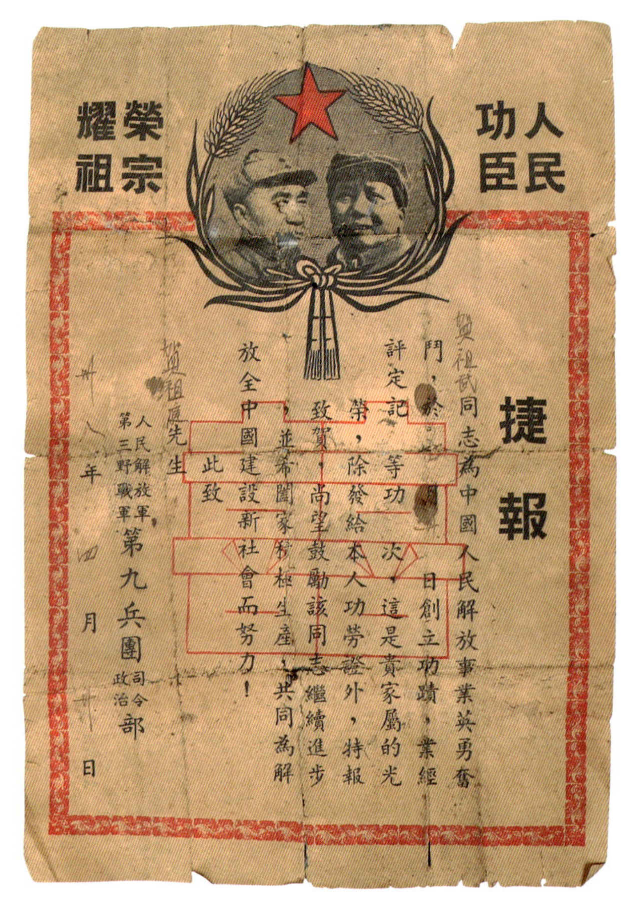

人民功臣　榮宗耀祖

捷報

賀祖武同志為中國人民解放事業英勇奮鬥，於　年　月　日創立功蹟，業經評定記　等功　次，這是貴家屬的光榮，除發給本人功勞證外，特報致賀，尚望鼓勵該同志繼續進步，並希闔家積極生產，共同為解放全中國建設新社會而努力！

此致

賀祖庭先生

人民解放軍第三野戰軍第九兵團司令政治部

卅八年四月十日

1949 年贺祖武同志捷报

台儿庄战史陈列馆全景

参观服务：

地　　址：枣庄市台儿庄区文化路 196 号

开放时间：周二至周日 8:00-17:00

面向社会免费开放

预约电话：0632-6681096

一五、中华珠算博物馆

中华珠算博物馆于 2014 年开馆，以弘扬传承珠算文化为宗旨，是一处现代化的珠算、珠心算教学教研基地。

博物馆藏品众多，认定为文物的共有 80 余件，主要为明清、民国各式算盘，如明代包铜倭角花梨木算盘、海南黄花梨倭角算盘、清代红木倭角密底算盘、民国铝珠教学算盘、铁框料珠算盘等，兼具历史底蕴和文物价值。

博物馆通过实物展陈、图文介绍、多媒体技术等方式，分别介绍珠算的起源，宋代至民国时期珠算的发展与完善，建国后珠算的改革、发展、传播与交流，各种类别与形态的精品算盘，以及与算盘相关的趣味知识和故事等内容，为观众全景展示了我国悠久的珠算文化。

中华珠算博物馆外景

明三五珠 24 档密底算盘

清嵌铜丝黄杨木密底算盘

参观服务：

地　　址：枣庄市台儿庄古城内兰祺河西侧

开放时间：8:00-18:00

预约电话：0632-6679128

清书盒式算盘

一六、中国邮政博物馆台儿庄分馆

中国邮政博物馆台儿庄分馆建立于2012年，建筑面积约600平方米，共藏有清末邮政使用的厘戳、马镫，民国时期邮差号坎、明信片等文物30余件。

博物馆设有“古代邮驿与大清邮政”“中华邮政及台儿庄大战邮政通信”和“两岸通邮”三个展厅，通过场景复原、实物陈列、图文说明和多媒体技术等方式，展示了台儿庄邮政事业的发展变化。

中华民国邮差号坎

展厅实景

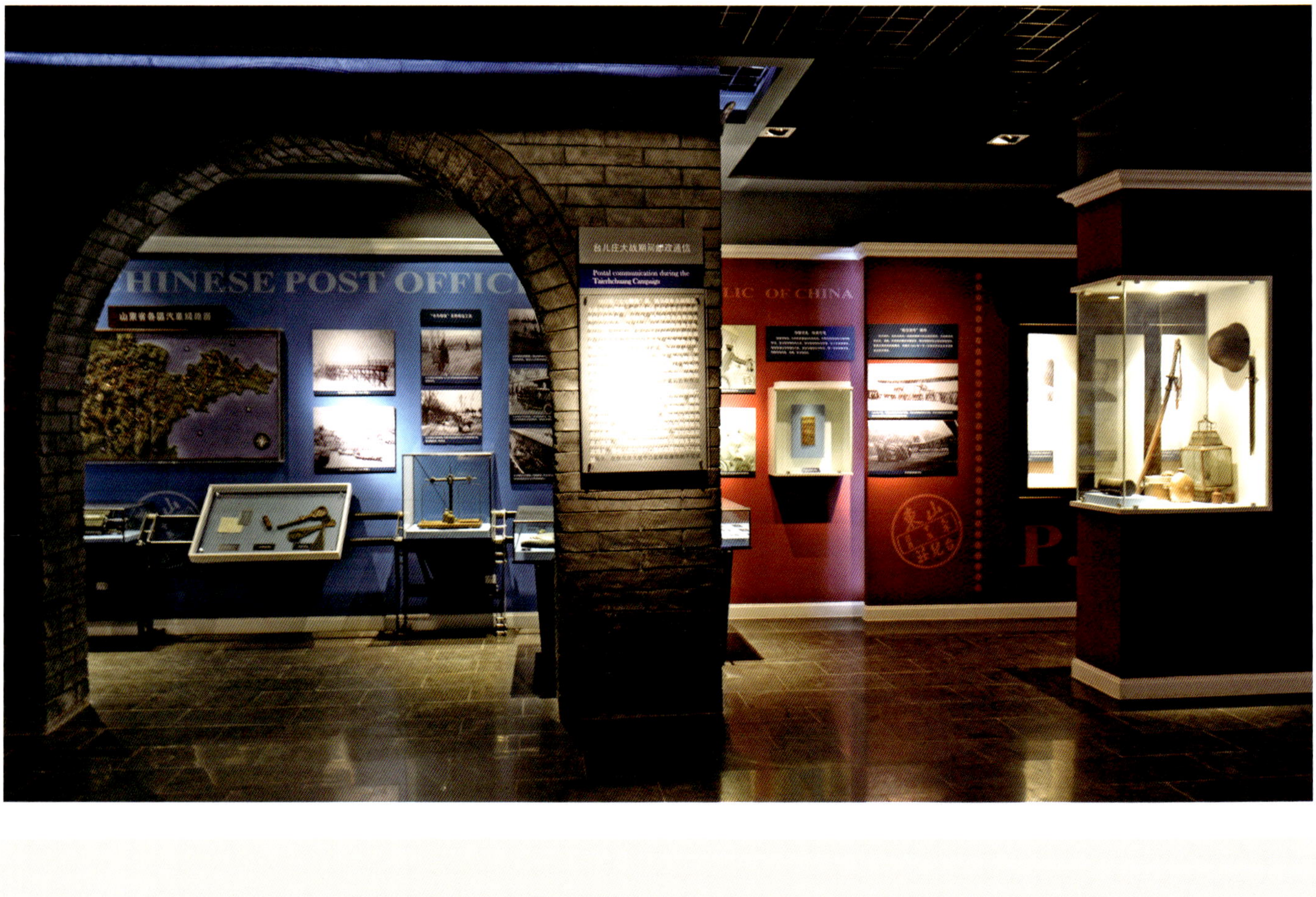

中国邮政博物馆台儿庄分馆外景

参观服务：

地　　址：枣庄市台儿庄古城内丁字街北首

开放时间：8:00-18:00

预约电话：0632-6679128

一七、私塾文化展馆

私塾文化展馆，又名翠屏学馆，始建于清乾隆八年（1743年），后毁于1938年战火，现为原址重建。展馆占地面积1197平方米，建筑面积约700平方米。

私塾文化展馆由大成殿、东厢房、西厢房和书房组成。大成殿供奉着至圣先师孔子像；东厢房主要陈列了历史上的各种教具、文具、课本、试卷等，以及中国历史上最后一位状元刘春霖的殿试册（复制件）；西厢房复原了私塾教室，并作为国学教育讲堂使用。

参观服务：

地　　址：枣庄市台儿庄古城内大衙门街西段路北翠屏学馆旧址

开放时间：周日至周四 8:00-20:30

　　　　　周五、周六 8:00-21:00

预约电话：0632-6679128

展厅实景

私塾文化展馆全景

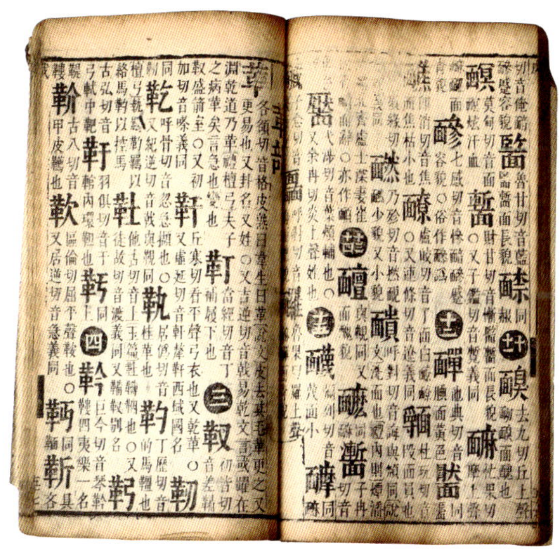

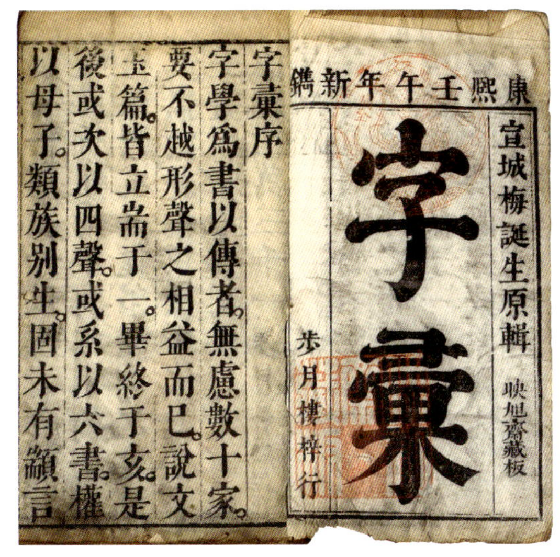

字彙序

字學爲書以傳者。無慮數十家。要不越形聲之相益而已。說文玉篇。皆立㠶于一。畢終于亥。是後或次以四聲。或系以六書。權以母子。類族別生。固未有顓言

康熙壬午年新鐫

宣城梅誕生原輯

字彙

映旭齋藏板

步月樓梓行

清康熙壬午年（1702年）步月楼刻本《康熙字典》

一八、台儿庄运河奏疏展馆

台儿庄运河奏疏展馆建立于2012年，建筑面积约200平方米，由升平牌坊、门厅、东廊道、西厢房、北大厅等部分组成。西厢房和北大厅分别为第一、第二展厅，陈展了明清河漕大臣有关泇运河的50多本奏疏。门厅处立有《重修台庄闸》碑，廊道东墙镌刻曹时聘《泇河善后事宜疏》。

清嘉庆八年杨二公祠堂重修碑

展厅实景

参观服务：

地　　址：枣庄市台儿庄古城内北河涯东段路北台庄闸闸官署旧址

开放时间：周日至周四 8:00-20:30

周五、周六 8:00-21:00

预约电话：0632-6679128

台儿庄运河奏疏展馆外景

一九、台儿庄大战遗物陈列馆

台儿庄大战遗物陈列馆，建筑面积约150平方米，位于义丰恒商号腰楼旧址，主要陈列了台儿庄重建时发掘的台儿庄大战遗物83件和台儿庄古城重建时从社会上征集到的台儿庄大战文物和史料30件。

参观服务：

地　　址：枣庄市台儿庄古城内大衙门街东段路南义丰恒旧址

开放时间：周日至周四 8:00-20:30

周五、周六 8:00-21:00

预约电话：0632-6679128

展厅实景

中华民国中国军队的钢盔

抗日战争时期中国军队使用的大刀

台儿庄大战遗物陈列馆全景

第三章 枣庄市第一次全国可移动文物普查藏品精选

人类遗留下来的遗迹、遗物，作为历史的产物，都打上了时代的烙印。各类文物从不同的侧面反映了各个历史时期人类的社会活动、社会关系、意识形态以及利用自然、改造自然和当时生态环境的状况，是人类宝贵的历史文化遗产。我市历史文化悠久，文物众多、种类丰富、文物年代分布广泛，经普查，全市 4331 家国有单位中收藏有可移动文物的有 35 家，共收藏可移动文物 77695 件（套），合 151414 件；在 35 项文物大类中，除甲骨、漆器 2 项未见外，其余 33 项均有登录；文物年代涉及新石器、商、周、两汉、隋唐、宋元明清、中华民国等多个历史时期。这些文物充分反映了枣庄地区自有人类活动历史以来各个时期不同的文化特征，部分还原了我市不同时期的社会经济形态，对研究我市历史文化进程提供了丰富的实物佐证。本章遴选了我市第一次全国可移动文物普查登录的精品，供读者赏阅，方便您更直观、具体地了解鲁南地区的文化传承与历史脉络。

新石器时代北辛文化　石磨盘

国家一级文物
长 65、宽 36、高 9 厘米
1978 年滕州市官桥镇北辛遗址出土
现藏滕州市博物馆

脱粒工具。平面呈椭圆形，两侧较直，两端呈圆弧形，一端上翘，有矮足。

新石器时代大汶口文化　石钺

国家二级文物
长 16、宽 10.7、厚 1.1 厘米
1993 年枣庄市薛城区邹坞镇北陈郝村出土
现藏枣庄市博物馆

青石质。近梯形，平顶，上部中间有一对钻圆孔，双面刃。通体磨光。

新石器时代大汶口文化　石斧

国家三级文物
长 13.8、宽 6.4 厘米
枣庄市峄城区阴平镇红土埠遗址出土
现藏枣庄市博物馆

青石质。梯形，上部中间有一对钻圆孔，双面舌状刃，横截面为椭圆形。

新石器时代大汶口文化　石锛

国家二级文物
长 8.4、宽 2.5、厚 2.5 厘米
枣庄市薛城区沙沟镇沙沟五村遗址出土
现藏枣庄市博物馆

青石质。弧形顶，有段，单面刃锋利。通体磨光。

岳石文化　石斧

国家二级文物

长 20.4、宽 7.5、厚 4.5 厘米

1985 年枣庄高新区兴仁街道匡山腰村出土

现藏枣庄市博物馆

砂岩质。梯形，弧形顶，顶下三面有半圆形凹槽，双面弧刃，横截面呈椭圆形。通体磨光。

岳石文化　双孔石刀

国家二级文物
长 9.9、宽 4.2 、厚 0.7 厘米
旧藏
现藏滕州市博物馆

青石质。梳形，体扁薄，弧背，中部有对钻两穿孔，刃平直，有使用痕迹。

西周　石犀牛

长 4.1、宽 2.7 厘米
滕州市官桥镇前掌大遗址出土
现藏滕州市博物馆

青灰石。圆雕，体呈静立状，中部拦腰有一周白石隔，下颌前端有一穿孔。

新石器时代大汶口文化　人面纹玉饰

国家一级文物
长 3.9、宽 3.2 厘米
1976 年滕州市东沙河镇岗上遗址出土
现藏滕州市博物馆

青玉质。器体扁平，四边外凸略近方形，玉质深褐色。正面略凸，作正视状，以阴线刻头型和五官，橄榄形眼眶，内横线作目，三角形鼻，短横线为口，面部表情祥和。玉饰背面有一脊凸起，脊上穿有一孔可供佩系。

新石器时代龙山文化　玉璇玑

国家一级文物
直径 15.5、孔径 6.7、厚 0.5 厘米
1978 年滕州市姜屯镇庄里西遗址出土
现藏滕州市博物馆

玉质泛白色，器体扁平，中间有一圆孔，形似变形的环，外缘有三个形状相同，间距相等且均向同一方向旋转的锯凿状凸脊，凸脊之间各有每三凿为一组的四组小锯齿状凸脊。

商　玉鱼

长6.5、宽3厘米
1998年滕州市官桥镇前掌大遗址出土
现藏滕州市博物馆

青玉质。表面沁有黄褐色瑕斑，通体磨光。曲体弓背，鱼体肥大，躯体与尾部的形体比例相似，尾部中间呈“V”字形开口，上下尖翘，两端各钻一圆孔。两面均用匀称的细阴线琢出圆眼、鳃、鳍等部位。

商　柄形玉器

长 11.6、宽 1.7、高 0.7 厘米
2004 年滕州市官桥镇前掌大遗址出土
现藏滕州市博物馆

青玉质。局部有沁痕。外形似鞭，体扁长，尖圆首，上下共琢为六节，每节均雕成花瓣形，并以弦纹互为间隔。一端有柄，柄的腰间饰两周凸弦纹。

西周　玉虎

长 6.2、宽 1.9 厘米
2001 年滕州市官桥镇前掌大遗址出土
现藏滕州市博物馆

青玉质。通体有褐色斑点，扁平体，卧姿，伏耳垂首，卷尾，首尾各有一穿孔。

西周　龙纹玉璜

国家一级文物
长 9、宽 2、厚 0.4 厘米
1982 年滕州市姜屯镇庄里西遗址出土
现藏滕州市博物馆

青玉质。表面浸蚀较重，略呈鸡骨白，体扁平，作半环形，两端各钻一圆孔。两面纹饰相同。由双钩单阴线饰夔龙纹，"臣"字目，张口独角，首在两端，尾于中央交接。

西周　玉猪龙

国家一级文物
高 3.2、厚 0.5、孔径 0.8 厘米
1976 年滕州市姜屯镇庄里西村征集
现藏滕州市博物馆

青玉质。龙首尾相连，以双钩阴线雕琢纹饰，两面纹饰略有不同。龙首一侧有一小孔，可供佩系。

西周　玉琮

国家一级文物
内径 5.4、外径 6.3、高 3.7 厘米
1982 年滕州市姜屯镇庄里西村征集
现藏滕州市博物馆

青玉质。墨斑沁。饰四足弦纹，四组弦纹间饰两个呈上下排列的圆圈纹。

西周　玉刻刀

国家一级文物
长 11.6、宽 1.2、厚 0.9 厘米
1978 年滕州市姜屯镇庄里西村征集
现藏滕州市博物馆

青玉质。通体扁长，素面光洁。柄端有穿孔，边缘呈齿状，锋端尖锐，呈三角形。

西周　夔龙纹玉佩

国家一级文物
长 8.9、宽 2.6、厚 0.4 厘米
1979 年滕州市姜屯镇庄里西村征集
现藏滕州市博物馆

青玉质。扁弯曲，两边有脊牙作游动状，两面以双钩饰两尾交接的夔龙纹，两端的凸脊各有一圆孔，可供穿系。通体线条流畅，做工精细。

西周　玉兔

国家二级文物
长 4.3、宽 2.5 厘米
1974 年滕州市姜屯镇庄里西村征集
现藏滕州市博物馆

青玉质。间有黑色沁斑。双面片雕，兔作卧状，长耳后伏，腿弯曲，前腿稍残缺，圆眼，单阴线刻画身上纹饰。前端对钻一圆孔，以供佩系。

西周　玉鹰

国家一级文物
长 7.6、高 5.4、厚 0.4 厘米
1979 年滕州市姜屯镇庄里西村征集
现藏滕州市博物馆

青玉质。因重度浸蚀，呈鸡骨白色。玉鹰体扁平，两面纹饰相同，皆以阴线琢成，长颈前伸，圆目钩喙，曲背垂翅，羽尾下收，作停立状。鹰身、翅、尾翎皆以阴线刻出。曲背及颌处各有一圆孔，可供穿系。

春秋　玉耳勺

长 4.3、柄宽 0.9 厘米
2002 年枣庄市山亭区山城街道东江遗址出土
现藏枣庄市博物馆

青玉质。勺头为圆形，内凹，圜底。勺头一侧有宽板形长柄，柄端两侧均刻有凹槽。

战国　夔龙纹玉佩饰

国家二级文物
长 4.5、宽 2.5、厚 0.4 厘米
1991 年滕州市姜屯镇庄里西遗址出土
现藏滕州市博物馆

青玉质。呈半透明状，扁平长方形，正面镂雕曲体双首共身龙，背面光素无纹。两龙首斜向对称，龙角顶部有凸脊，形如冠状。器身雕刻细阴线纹。其左右两侧与背部各有两个对穿孔，以供佩系。

战国　水晶环

直径 4.5、厚 0.8 厘米
1985 年滕州市姜屯镇庄里西村征集
现藏滕州市博物馆

水晶质。局部有黄褐色沁斑，体通透，呈圆环形。

战国　铜首玉鸭

长 3.8、宽 3.4、高 1.5 厘米
2009 年滕州市官桥镇前莱村出土
现藏滕州市博物馆

鸭首为铜质，身为青玉镶嵌，局部沁有褐色斑痕。周身饰有卷云纹，中部一穿孔与鸭首相对应。鸭首嘴部含有一玉鱼，白玉质，阴线刻画出头、口、眼。造型奇特，工艺精湛。

汉　谷纹玉璜

国家二级文物
长 19.5、宽 3.3、厚 0.5 厘米
1989 年滕州市羊庄镇范西村征集
现藏滕州市博物馆

青玉质。局部沁有黄褐色斑痕。器扁平，璜体弧度略小于半圆，两端平齐较中间稍宽，外缘雕琢有规整的扉牙，器表满饰谷纹，外饰细阴线弦纹边栏，中间有一穿，可供穿系。

元　金镶玉耳坠（一对）

国家二级文物
通高 3.3 、玉人高 2.7、宽 1.1 厘米
1982 年滕州市荆河街道韩桥村出土
现藏滕州市博物馆

金丝镶嵌，主体为青白玉质玉人。玉人呈褒袖跽坐状态，头梳高髻，瘦长脸型，阴线刻五官，身着长袍，一为右衽，一为左衽。

元　玛瑙璧

国家二级文物
直径 7.5、内径 2.3、厚 0.9 厘米
1982 年滕州市荆河街道韩桥村出土
现藏滕州市博物馆

玛瑙质。圆形，中心一圆孔。一面为平面，另一面微凸，上面浮雕一条螭龙，螭龙躯体细长，作爬行状，螭身随壁弯曲，翻转自如。

清　玛瑙鼻烟壶

国家三级文物
口径 2.1、腹径 3.4、高 5.7 厘米
旧藏
现藏枣庄市博物馆

玛瑙质。直口，平沿，方唇，溜肩，直腹，圜底，假圈足微内凹。器呈半透明状，腹部雕刻有飞舞的蜜蜂和鸡图案。

新石器时代北辛文化　黄褐陶盖鼎

国家一级文物
口径 23.5、腹深 16.6、通高 37.5 厘米
1978 年秋滕州市官桥镇北辛遗址出土
现藏滕州市博物馆

夹砂褐陶。有盖，口微敛，腹微鼓，口外侧饰一周锯齿状窄锥纹，口外沿有对称的小鼻四个，圜底稍尖，三锥形足。

新石器时代北辛文化　指甲印纹红陶钵

国家一级文物

口径 20.1、底径 7、高 7.1 厘米

1979 年滕州市官桥镇北辛遗址出土

现藏滕州市博物馆

夹砂红陶。器壁较薄，口微敛，腹较浅，小平底。腹部满饰指甲纹。

新石器时代大汶口文化　白陶罐形鼎

国家三级文物
口径 6、腹径 7.2、高 6 厘米
1980 年枣庄市薛城区沙沟镇沙沟五村遗址出土
现藏枣庄市博物馆

夹砂白陶。敛口，斜折沿，圆唇，束颈，鼓腹下垂，圜底，三乳钉足。

新石器时代大汶口文化　贯耳灰陶尊

口径 12.7、底径 12、高 25.3 厘米
1978 年滕州市东沙河镇岗上遗址出土
现藏滕州市博物馆

泥质灰陶。直口，矮颈，折肩，深腹，腹部下斜收，圈足外撇，两侧有对称圆孔，肩部有对称贯耳，形制新颖。

新石器时代大汶口文化　彩绘红陶钵

口径 17.8、底径 6、高 12 厘米
1976 年滕州市东沙河镇岗上遗址出土
现藏滕州市博物馆

夹砂红陶。圆唇，鼓腹，腹向下斜收，小平底。上腹部彩绘浅褐色叶脉、白色叶片的草叶纹。

新石器时代大汶口文化　黑陶高柄杯

口径 6.6、底径 4.9、通高 21 厘米
2007 年滕州市龙泉街道郏城村出土
现藏滕州市博物馆

泥质黑陶。侈口，覆豆式盖，深腹，腹壁微内弧，圜底，薄胎，镂孔细高柄，下承圈足。

新石器时代大汶口文化　泥质黑陶高柄镂孔杯

国家三级文物
口径 6.2、底径 6、高 21 厘米
1980 年枣庄市薛城区沙沟镇沙沟遗址出土
现藏枣庄市博物馆

泥质黑陶。敞口，尖唇，内弧折腹，圜底，镂孔高柄，喇叭形座。

新石器时代大汶口文化　灰陶高柄镂孔豆

口径 20.3、底径 15.7、高 23.2 厘米
2006 年枣庄市山亭区西集镇建新遗址出土
现藏枣庄市博物馆

夹砂灰陶。敛口，平沿微内凹，尖圆唇，浅盘，圜底近平，高柄内空，喇叭形足。柄饰圆形和三角形镂孔。

新石器时代龙山文化　夹砂红陶鬶

高 34 厘米
1991 年枣庄市峄城区峨山镇二疏城遗址出土
现藏枣庄市博物馆

夹砂红陶。近直口，卷沿，圆唇，半筒形流斜弧上扬，束颈，颈与腹间有一索状半圆形把手，袋状足。通体饰白陶衣，颈、腹部饰弦纹和铆钉纹。

新石器时代　灰陶拍

国家三级文物
残长 9、宽 5、高 4.5 厘米
1979 年枣庄市峄城区峨山镇二疏城遗址出土
现藏枣庄市博物馆

泥质灰陶。器呈梯形，两端上翘，上面中部有一半环形纽，弧形底。底面刻划有叶脉纹。

西周　弦纹灰陶盖罍

口径 21.5、底径 16.5、通高 45.5 厘米
2001 年滕州市官桥镇前掌大遗址出土
现藏滕州市博物馆

泥质灰陶。圆方唇，平折沿，高领，下腹内收，平底。上承子母口、喇叭形纽器盖，肩有两只对称兽首形耳。颈、肩饰数周凹弦纹，肩部附加饰对称圆饼形纹两周，上周 2 枚，下周 4 枚。腹饰绳纹，间以两周凹弦纹。

春秋　夹砂褐陶鬲

口径 34.8、高 32 厘米
1991 年枣庄市峄城区峨山镇二疏城遗址出土
现藏枣庄市博物馆

夹砂褐陶。侈口，方唇，束颈，鼓腹下收，连裆足，实足尖。通体饰细绳纹，肩部饰一周凹弦纹，腹中部饰一周宽带附加堆纹。

战国　龙形耳灰陶簋

宽 50.5、高 34 厘米
滕州市姜屯镇庄里西遗址出土
现藏滕州市博物馆

礼器。泥质灰陶。侈口，腹微鼓，圈足，下置方形座。透雕对称龙形耳销于腹中部，上盖置口内，透雕花瓣形提手，腹部饰凹弦纹，通体施彩绘。

战国　虎形耳灰陶簋

宽 47、高 30 厘米
滕州市姜屯镇庄里西遗址出土
现藏滕州市博物馆

礼器。泥质灰陶。侈口，腹微鼓，圈足，下置方形座。透雕对称虎形耳，销于腹中部，上盖置口内，通雕花瓣形提手，腹部饰凹弦纹，通体施彩绘。

战国　灰陶豆

国家三级文物
口径 7.3、腹径 11.3、底径 8.9、高 17.7 厘米
1987 年枣庄市薛城区常庄镇中北常村出土
现藏枣庄市博物馆

泥质灰陶。口微侈，内斜沿，尖圆唇，直领，溜肩，鼓腹，圜底，圆柄内空，喇叭形足。通体施黑陶衣。

汉　夹砂灰陶鼎

国家三级文物
口径 22、通高 29 厘米
1983 年枣庄市市中区齐村镇渴口汉墓群出土
现藏枣庄市博物馆

夹砂灰陶。弧形盖，上有三纽，方附耳微曲，器敛口，圆唇，鼓腹，圜底，三蹄形足。通体饰白陶衣，绘有红彩图案。

汉　泥质灰陶壶

国家三级文物
口径 11.5、腹径 19.5、底径 13.4、通高 32.5 厘米
征集
现藏枣庄市博物馆

泥质灰陶。弧形盖，内有一周凸棱。器侈口，平沿，方唇，长束颈，鼓腹下内收，上腹部饰对称的铺首衔环，圜底，圈足。通体施白陶衣，颈、腹部饰彩绘图案。

汉　红胎酱釉钱纹陶罐

国家二级文物
口径 15、腹径 25、底径 13.5、高 27 厘米
1981 年枣庄市市中区齐村镇渴口汉墓群出土
现藏枣庄市博物馆

泥质红陶。敞口，平沿，束颈，肩部有两个对称的桥形系，鼓腹下内收，平底。通体施酱釉，肩部饰两周凹弦纹，腹部饰大泉五十钱纹。

汉　灰陶楼

国家三级文物
长 20、宽 12.5、高 28 厘米
1986 年枣庄市市中区齐村镇汉墓群出土
现藏枣庄市博物馆

泥质灰陶。带底座，平底，二层。下层两侧门半敞，门上饰铺首衔环图案，正中有三棂窗；上层两侧各塑一人，面部丰满，冠斜平，正中饰铺首衔环图案。四面坡起脊顶。

汉　泥质红陶猪圈

国家二级文物
直径 29.5、高 7.5 厘米
1986 年枣庄市市中区齐村镇渴口汉墓群出土
现藏枣庄市博物馆

泥质红陶。圆形，平底，有门，其上方出檐；圈墙中部留有一长方形孔，下设有椭圆形食槽；一侧有一单坡顶，为猪歇息之所，圈内有一陶猪，尖嘴，大耳，体肥大，四肢粗壮。出檐、圈墙顶及单坡顶均覆瓦。

商　兽面纹铜鼎

国家一级文物
口径 16.5、高 20.4 厘米
1975 年滕州市城乡采购站征集
现藏滕州市博物馆

口微敛，斜折沿，立耳，鼓腹，分裆、较低，柱足。腹部饰三组兽面纹，以云雷纹衬地。器内壁有铭文 5 字。

商　兽面纹铜觚

口径 14、底径 9、高 25.5 厘米
征集
现藏滕州市博物馆

喇叭形敞口，方唇，平底，高圈足。上部饰蕉叶纹，腰部和足部分别饰两周兽面纹。圈足内铸有铭文“史”字。

商　兽面纹铜斝

口径 14.4、高 19.8 厘米
旧藏
现藏滕州市博物馆

侈口，菌状柱，长颈内收，颈腹分段明显，鼓腹，平底，下有三角形空锥足。柱面饰涡纹，颈下部及腹部饰两周兽面纹，腹部的兽面纹上下饰两行连珠纹。

商　铜爵

国家二级文物
口径 8、流长 7.2、宽 4、高 19 厘米
1985 年枣庄市高新区兴仁街道东托村出土
现藏枣庄市博物馆

蘑菇形短柱，三角尾上翘，流为半圆形，直腹下垂，圜底，一侧设兽面纹桥形扳手，三角锥形足。短柱顶部饰涡纹，腹部饰一周菱形雷纹，腹外部铸有铭文。

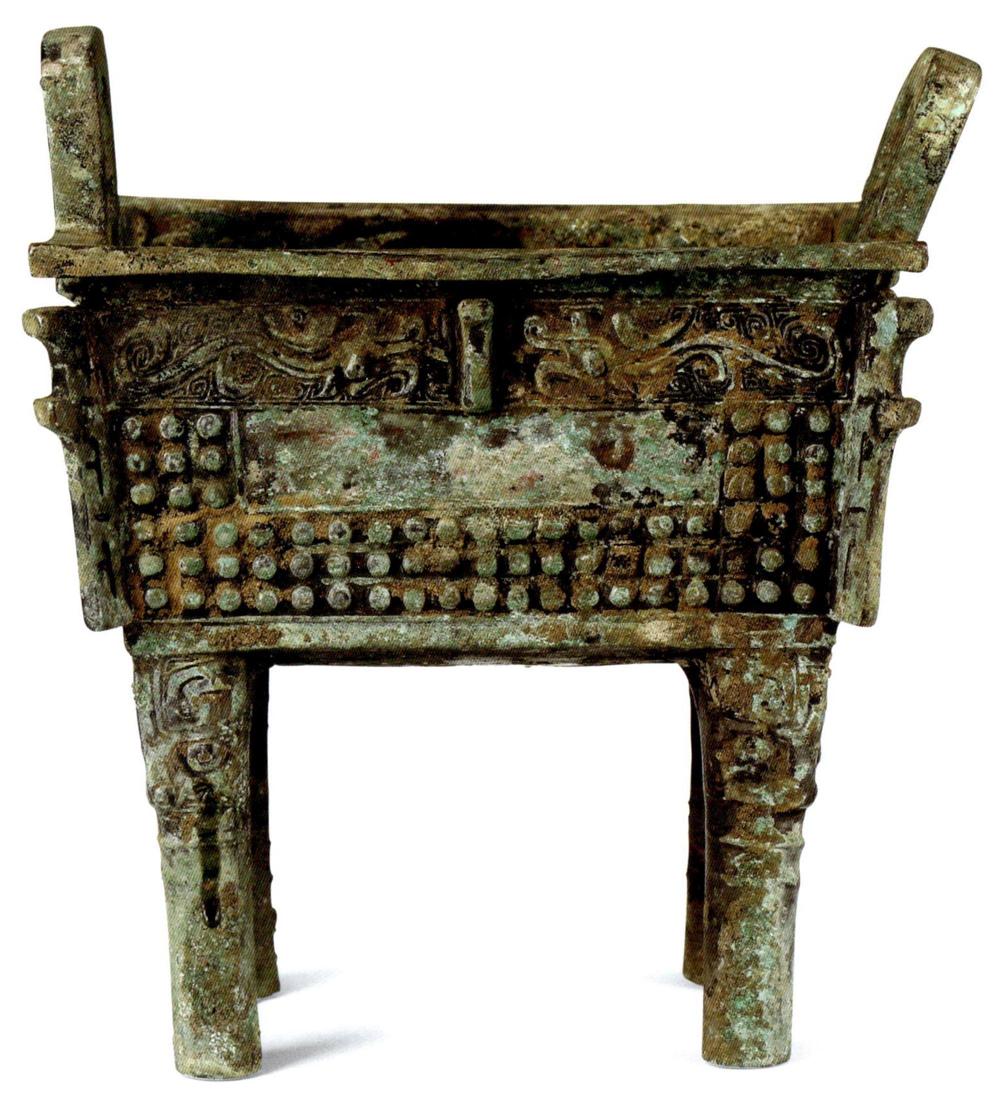

西周　夔龙纹铜方鼎

国家二级文物
口径 11.2 ~ 14.9、高 17.6 厘米
1984 年滕州市姜屯镇庄里西村征集
现藏滕州市博物馆

平面呈长方形，敞口，斜直腹，平底，四柱足，两耳立于口沿上。腹上部饰四组夔龙纹，下部饰有乳丁纹，器内壁有铭文 3 字“乍（作）尊彝”。

西周　滕侯鼎

国家一级文物
口径 11.5 ~ 16、腹深 15、通高 27 厘米
1982 年滕州市姜屯镇庄里西村征集
现藏滕州市博物馆

平面呈圆角长方形，子母口加盖，盖上置卷龙状四小纽，附耳，腹外鼓，四柱状实足。盖及口沿下均饰夔龙纹、鸟纹各一周，云雷纹填地。腹饰饕餮纹四组，足饰蝉纹及卷云纹。为对铭器，盖、器内底部分别铸铭文两行 6 字“滕庡（侯）乍（作）宝尊彝”。

西周　夔龙纹铜鼎

口径 19.4、高 29.8 厘米
1982 年滕州市姜屯镇庄里西村征集
现藏滕州市博物馆

口微敛，方唇，两立耳，浅腹，圜底，三鸾鸟形扁足。
腹部饰一周夔龙纹。

西周　不嬰簋

国家一级文物
盖径 23.2、口径 21.3、腹深 13、通高 26 厘米
1980 年滕州市城郊乡后荆沟遗址出土
现藏滕州市博物馆

器身椭圆，子母口带盖，盖呈覆盘状，盖有圈足形捉手，捉手稍残缺（盖原件现藏故宫博物院）。腹部铸对称的两兽首形附耳，有珥。圈足外铸三伏兽形足。盖及身饰瓦纹和窃曲纹，顶饰蟠龙纹，圈足间饰重环纹。器内底部铸文十二行 151 字，器盖有铭文五行 31 字。

西周　滕侯簋

国家一级文物
口径 20.5 厘米，底座高 9、边长 18.5 厘米，通高 22.5 厘米
1982 年滕州市姜屯镇庄里西遗址出土
现藏滕州市博物馆

圆唇鼓腹，兽首形耳，下卷龙状珥，圈足连云座，颈中饰小铺首，两侧及圈足均饰夔龙纹一周，云雷纹填地，腹座饰斜方格乳钉纹，内填云雷纹，方座四边角饰兽面纹。器内底部铸铭文 8 字“滕侯（侯）乍（作）滕公宝尊彝”。

西周　凤鸟纹铜盖壶

口径 8、底径 10.2、通高 24.6 厘米
征集
现藏滕州市博物馆

子母口带盖，盖顶置圈足状捉手，肩部有两贯耳，长颈，鼓腹，圜底，圈足稍向外撇。盖与颈部各饰鸟纹一周，云雷纹填地，圈足饰斜角云纹及贝纹。

西周　铜父辛卣

国家一级文物
口径 13 ~ 17.1、腹深 14、通高 23.4 厘米
1980 年滕州市姜屯镇庄里西遗址出土
现藏滕州市博物馆

器身椭方形，盖子母口内敛，盖顶置圈状捉手，圜底近平，短圈足下向外撇。颈部前后饰凸兽面纹，两侧饰鸟纹四组，雷纹填地，外饰凸弦纹。錾端兽面圆耳，似幼鹿。盖内铸铭文 3 字，器内铸铭文三行 17 字。

西周　兽面纹铜觯

国家二级文物
口径 13、底径 12.3、通高 20.5 厘米
1984 年滕州市姜屯镇庄里西村征集
现藏滕州市博物馆

子母口，有盖，盖上部一捉手，口呈椭圆形外侈，束颈，鼓腹，腹部微下垂，椭圆形圈足外撇，盖、腹分别饰一周兽面纹，圈足饰一周弦纹。

西周　龙凤纹铜尊

口径 21.5、底径 15.1、高 27.5 厘米
2001 年滕州市官桥镇前掌大遗址出土
现藏滕州市博物馆

喇叭形口，圆角长方形腹，高圈足。圈足底部有低台。腹部以四条扉棱为界等分为四段，每段各饰一只凸目、有冠、长尾大鸟；一条双角夔龙弯曲在鸟身中间；鸟身下有变形夔龙纹。纹饰间以雷纹衬地。纹带上下各饰两周凸弦纹。器内底部铸一象形“鸟”字。

西周　兽面纹铜觚

国家二级文物
口径 16.4、底径 8.8、高 28.5 厘米
2005 年滕州市官桥镇前掌大村出土
滕州市公安局拨交
现藏滕州市博物馆

喇叭口，箍状胆，高圈足，圈足底缘呈低台式。腹部饰以兽面纹衬地的蕉叶纹，腹部和圈足饰四道扉棱，胆下饰两周凸弦纹。圈足内铸有铭文 7 字“西作父丁宝彝史”。

西周　弦纹铜爵

长 17、宽 8、高 21 厘米
滕州市官桥镇大韩村征集
现藏滕州市博物馆

筒形腹，圜底，沿上直立两菌形柱，三棱形尖足外撇，腹部一侧有鋬，鋬内腹外壁有铭文，腹饰两周凸弦纹。

西周　铜兽面饰

长 27、宽 22 厘米
2002 年滕州市姜屯镇庄里西遗址出土
现藏滕州市博物馆

正面透雕张口瞪目的兽面形，圆目凸出，圆形瞳孔，鼻部凸起，张嘴露齿。

西周　铜人面饰

长 22、宽 17 厘米
2002 年滕州市姜屯镇庄里西遗址出土
现藏滕州市博物馆

正面为人面，面容端详，栩栩如生。长脸、浓眉、大耳，双目炯炯有神，阔鼻凸起，口微张开。

春秋　蟠螭纹铜鼎

口径 22.4、腹径 25.6、腹深 15.4、通高 28 厘米
2009 年枣庄市峄城区坛山街道徐楼村出土
现藏枣庄市博物馆

平顶盖，盖面有三矩形立纽，中部有一长方形环纽。器身子口，口沿下两侧长方形附耳直立，直口微敛，圆唇，沿下有一周外凸棱，深弧腹，圜底，三中空蹄足较高。盖面外饰两周波曲纹，内一周蟠螭纹，中心纽两端饰兽面纹，耳外侧饰蟠螭纹，腹部上饰蟠螭纹带，中部有一周绹纹。下饰三角形纹。底部可见明显的铸造痕迹，器身用三块范合铸。

春秋　铜鄭公鼎

口径 23.8、腹径 23.2、腹深 10.2、高 20.7 厘米
2009 年枣庄市峄城区坛山街道徐楼村出土
现藏枣庄市博物馆

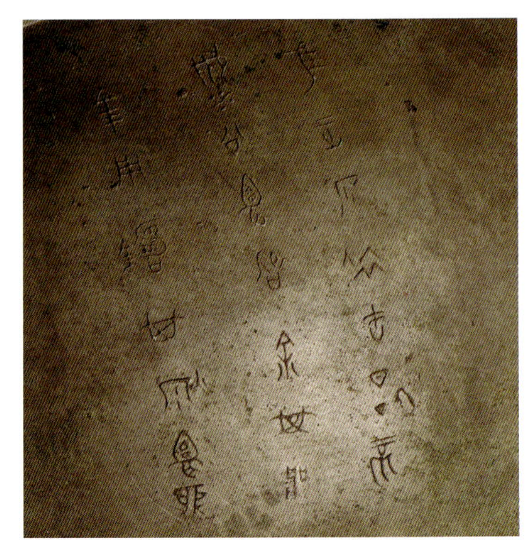

立耳外侈，口微敛，平折沿，方唇，斜弧腹，圜底，三蹄形足。耳及上腹部饰蟠螭纹，足根部饰兽面纹，器壁内铸有铭文“唯正月初吉日丁亥□（鄭）公□□余其吉金用铸其□□鼎”。

春秋　铜鼎

口径 21、腹径 21.4、腹深 8.8、高 17.6 厘米
2009 年枣庄市峄城区坛山街道徐楼村出土
现藏枣庄市博物馆

长方形立耳，平沿，圆唇，口微敛，鼓腹，圜底，三细高蹄形足。耳饰绹纹，其中一耳经修补，无纹饰，上腹部饰夔龙纹，下饰三角纹，足根部饰兽面纹。器壁内铸有铭文“唯王正月之初吉丁亥此余□□□作铸其小鼎□□永宝子孙无疆子＝孙＝永宝是尚”。

春秋　铜郳庆匜鼎

口径 20.7、流长 3.3、腹深 8、高 18.6 厘米
2002 年枣庄市山亭区山城街道办事处东江遗址出土
现藏枣庄市博物馆

敞口，窄平沿外折，方唇，有流，双立耳，圜底，三蹄足。沿下饰夔纹，腹饰卷龙纹。器内底铸铭为："兒（郳）庆作秦妊匜鼎，其永宝用。"

春秋　铜郳友父鬲

口径 16、腹深 6.6、壁厚 0.4、高 11.2 厘米
2002 年枣庄市山亭区山城街道东江遗址出土
现藏枣庄市博物馆

敛口，斜宽折沿，方唇，短束颈，浅腹外鼓，腹部与足相对处各有一横向两牙的扉棱，平裆，三矮蹄足。腹部一周饰三组两两相随的 S 形长鼻曲体龙纹。沿面铸铭文一周 16 字“郳友父媵其子胙曹宝鬲，其眉寿，永宝用”。

春秋　铜簠

口长 28、宽 24 厘米，圈足长 16.2、宽 13.3 厘米，通高 17 厘米
2002 年枣庄市山亭区山城街道东江遗址出土
现藏枣庄市博物馆

长方形，敞口，窄平沿，方唇，斜直腹下收，两侧腹壁上有一对半环形兽耳，器沿四周的中部或两侧的中部各铸有一小兽形卡，平底，四角有向外撇的矩形圈足，中部各有一梯形缺口。盖顶饰交连纹，盖与器斜壁饰夔纹及卷云纹，足饰夔纹。盖顶内铸有竖排四行 20 字铭文，自右至左为“鲁酉子安母肇作簠，其眉寿万年，子子孙孙永宝用”。器底内铸竖排三行 16 字铭文“正叔止士𤔲俞作旅簠，子＝孙＝永宝用”。

春秋　铜郳君庆圆壶

盖径 14.4、器口径 15、腹径 25.5、腹深 32.8、壁厚 0.6、通高 46.5 厘米
2002 年枣庄市山亭区山城街道东江遗址出土
现藏枣庄市博物馆

有盖，盖顶有喇叭形捉手，深子口。器敛口，方唇，长颈，颈部附一对龙首及象鼻形耳，龙舌下弯衔一圆形扁体环，垂腹，平底，高圈足。捉手顶面饰凤鸟纹，外饰鳞纹，盖缘饰目窃曲纹，器颈与腹饰波带纹，耳环饰重环纹，圈足饰鳞纹。盖、器同铭“郳君庆作秦妊礼壶，其万年眉寿，永宝用”。

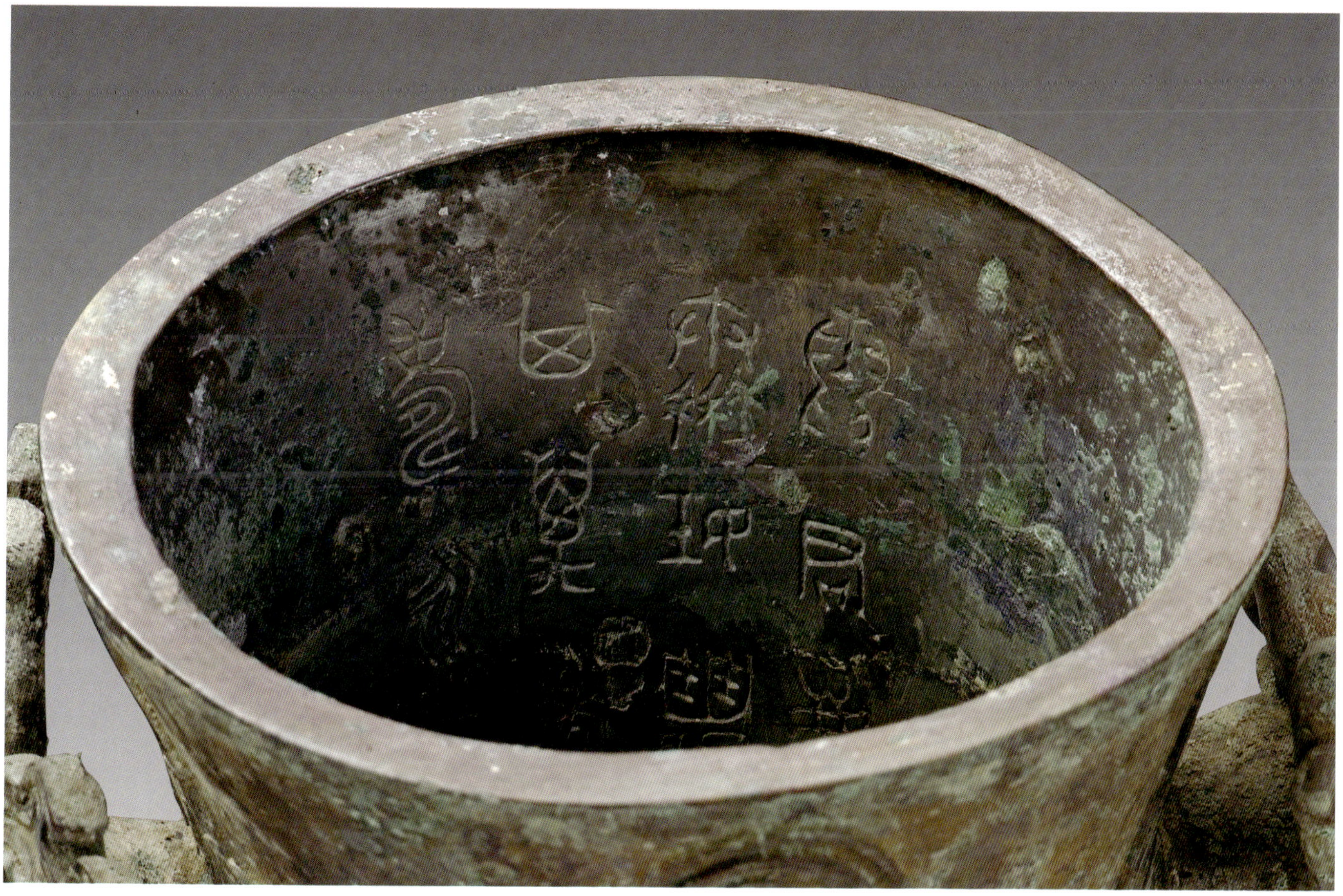

春秋　圆涡纹铜罍

口径 21.4、腹径 32、底径 14.6、高 42 厘米
2002 年枣庄市山亭区山城街道东江遗址出土
现藏枣庄市博物馆

口微敛，平沿，方唇，束颈，溜肩，鼓腹下收，平底。肩部饰有两个对称的兽衔环耳和六个凸起的圆涡纹，腹下部有一兽首鋬。

春秋　铜佥父瓶

口径 14.2、腹径 20.4、腹深 18、通高 26.4 厘米
2002 年枣庄市山亭区山城街道东江遗址出土
现藏枣庄市博物馆

器呈鸟卵形，盖顶有一圆饼形立纽，子母口，沿部有对称的贯耳，圆鼓腹，尖底。盖、器同铭“霝父君佥父作其金瓶，眉寿无疆，子子孙孙永宝用之”。

春秋　镶嵌红铜龙虎纹铜盘

口径 37.7、腹径 36.4、腹深 6、高 9.6 厘米
2009 年枣庄市峄城区坛山街道徐楼村出土
现藏枣庄市博物馆

平折沿，方唇，附耳折曲，上腹近直，下腹内收，平底，三矮蹄形足。耳饰兽面纹，腹饰两周镶嵌红铜菱形纹，底饰镶嵌红铜菱形纹，其周围饰镶嵌红铜龙虎纹。

春秋　铜方奁

长 14、宽 11、通高 7 厘米
2002 年枣庄市山亭区山城街道东江遗址出土
现藏枣庄市博物馆

长方形，顶部有两扇可开的小盖，以面对面的卧虎和蹲兽为盖纽，四壁中部各附一上伏兽，平底，镂空高圈足，正、背面两端各饰半裸人。上盖及四周饰夔纹。

春秋　伏鸟罍形铜器

腹径 12.8、底径 5.8、高 12.8 厘米
2009 年枣庄市峄城区坛山街道徐楼村出土
现藏枣庄市博物馆

器近椭圆形，内空，顶中部立有一只展翅的鸟，弧肩，鼓腹，下腹斜弧内收，平底。顶部鸟身与器底中部有一对称的圆孔。肩及腹部饰涡纹带。

战国　铜瓠壶

口径 4.9、底径 8.9、高 29.1 厘米
旧藏
现藏滕州市博物馆

体似瓠，颈斜长，上有盖，盖有链和腹部活络錾相连，矮圈足。

战国　蟠虺纹铜壶

口径 10.2、底径 13.6、通高 32.6 厘米
1985 年滕州市姜屯庄里西遗址出土
现藏滕州市博物馆

圆口，高颈，盖颈各有四纽圈，颈两侧铺首有活络提梁，圈足浅矮。腹部饰有蟠虺纹，间有粗凹弦纹。

战国　铜豆

口径 17.3、底径 10.6、通高 28.2 厘米
1989 年滕州市姜屯镇庄里西遗址出土
现藏滕州市博物馆

子母口，口上承盖，盖面隆起，上有圈足形捉手，圆腹，圜底，腹有二对称环形耳。柄较细，圈足底缘呈低台式。

战国　四山纹铜镜

国家二级文物
直径 11.2、缘厚 0.4 厘米
1984 年枣庄市台儿庄区运河街道彭楼村出土
现藏枣庄市博物馆

三弦纽，方纽座，窄缘。四山字为主题纽，四角各伸出一小叶，每个山字之间加一叶，并与纽座四角之叶分别以一带相连。

汉　四神禽兽博局纹镜

直径 14、缘厚 0.6 厘米
2006 年滕州市龙泉街道郏城村出土
现藏滕州市博物馆

圆纽，圆纽座。座外方框内四角饰四叶纹，外饰八乳丁纹，四个“T”形纹饰与正对面的“L”形纹饰组成博局纹。“L”形纹饰之间饰青龙配羽猴、朱雀配羽鹿、白虎配羽马、玄武配羽羊图案。内区有一圈带铭文，边缘饰短斜纹、三角锯齿和“S”形卷云纹各一周。

汉 铜熏炉

口径 18.9、底径 6.8、通高 21 厘米
1984 年滕州市官桥镇单庄村出土
现藏滕州市博物馆

炉体呈半球形，上有镂空山形盖，下为浅圆盘底座，中有圆柱与炉体相接，饰一周云气纹。

唐　月宫纹铜镜

国家二级文物
直径 12.5、缘厚 0.9 厘米
滕州市洪绪镇颜楼村出土
现藏滕州市博物馆

对称八出葵花形，内切圆形，镜纽藏于树干中。铜镜通体呈银白色。主纹桂树，左饰嫦娥腾空飞舞，右为玉兔杵臼捣药，树下饰一蟾蜍。

唐　双鸾双雀菱花纹铜镜

国家二级文物
直径 9.3、缘厚 0.5 厘米
1980 年滕州市官桥镇坝上村征集
现藏滕州市博物馆

八瓣菱花形，内切圆形。纽外四禽鸟四折枝花相间，外圈饰四蜂蝶与四折枝花相间。

宋 犁镜铜范

国家三级文物
长 35、宽 32.5、厚 6 厘米
1981 年枣庄市薛城区邹坞镇出土
现藏枣庄市博物馆

呈铲形，一面微鼓，一面略凹，分为上下两合。上合表面饰四个乳钉，两大两小，正中铸一阳文“王”字，内面光洁。下合表面饰七个大小不同的乳钉，内面左侧有一三角形槽窝，右侧有一圆形槽窝。二槽窝之间有“十”字形槽窝。槽窝两侧铸有正体阳文“水”“火”二字。上下合有榫卯相扣，上端柄部为浇注口。

商　铜戈

长 20.5、宽 5.8 厘米
旧藏
现藏滕州市博物馆

长援，援中部起脊，上下刃较直，前锋圆钝，长方形直内，銎截面呈椭圆形。

商　铜钺

长 14.5、宽 8.8 厘米
滕州市官桥镇前掌大遗址出土
现藏滕州市博物馆

体近长方形，两侧平直，钺体偏长，中有圆孔，肩有两穿，内长而宽。

商　铜铃首剑

国家一级文物
长 31、宽 6、铃径 4.3 厘米
滕州市官桥镇前掌大村征集
现藏滕州市博物馆

前锋锐利，中起脊，柄部有两长方形穿，且有锯齿、乳钉两种纹饰，首部呈镂空状，内含石丸。

西周　铜胄

长 20、宽 24.6、高 25.5 厘米
滕州市官桥镇前掌大遗址出土
现藏滕州市博物馆

胄面为宽鼻环目有双耳的兽面，兽面之上连接向后延展至颈部的宽带状弧形胄顶，两侧附加对称的壁形护耳。在兽面鼻翼两侧、胄顶尾端及护耳两侧，均有对称的圆孔，推测用于穿系胄内衬垫物。

春秋　铜王子反戈

国家一级文物
长 22.6、宽 14 厘米
1973 年滕州市城郊供销社废品收购站征集
现藏滕州市博物馆

援狭长，中起脊，前锋尖锐；内呈长方形，较阔，上有一穿；胡长，有三穿，胡上铸有铭文一行 6 字“王子反铸寝戈”。

春秋　双人纹铜戈

长 23.5、宽 2.4、援长 15.6、援宽 2.8、内长 7.9 厘米
2002 年枣庄市山亭区山城街道东江遗址出土
现藏枣庄市博物馆

三角形锋，直援，有脊，上下边有锐刃，援下垂胡，长方形内，内尾圆角形，内、援之间有凸棱形栏，栏侧有四个穿孔，上面一孔为横长条形，下三孔为竖长条形，直内中间有一横长条形穿孔。内和栏交接处两面各饰有两裸人，援后中部两面各饰一凸起的兽目。

春秋　铜矛

长 10.8、叶宽 2.2、骹口直径 1.6 厘米
2009 年枣庄市峄城区坛山街道徐楼村出土
现藏枣庄市博物馆

体呈柳叶状，圆缓中有脊，双面刃，圆形骹较长，上细下粗至矛身。

战国　铜钺

国家二级文物

长 25.5、刃宽 34.9、銎口长 8.5、銎口宽 4 厘米

滕州市张汪镇皇殿岗村征集

现藏滕州市博物馆

素面，弧形，双面刃，尖尾，深銎。

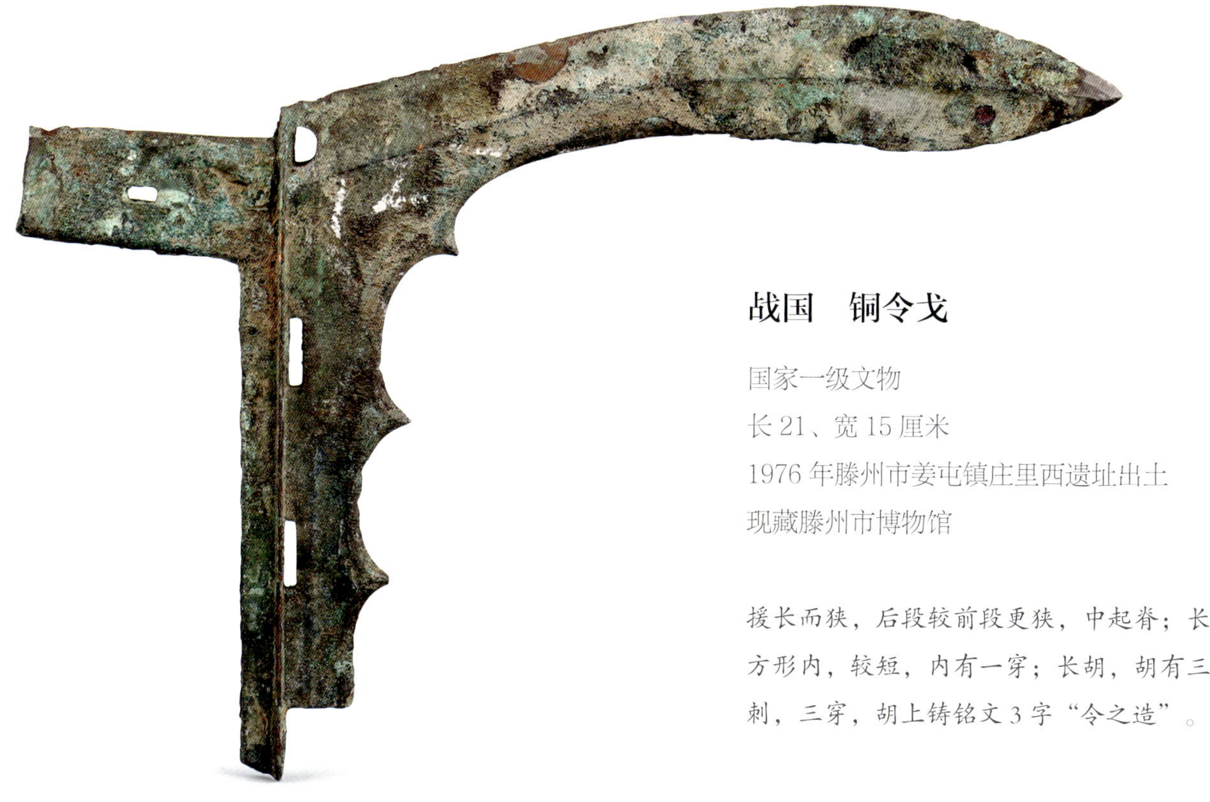

战国　铜令戈

国家一级文物
长 21、宽 15 厘米
1976 年滕州市姜屯镇庄里西遗址出土
现藏滕州市博物馆

援长而狭，后段较前段更狭，中起脊；长方形内，较短，内有一穿；长胡，胡有三刺，三穿，胡上铸铭文 3 字“令之造”。

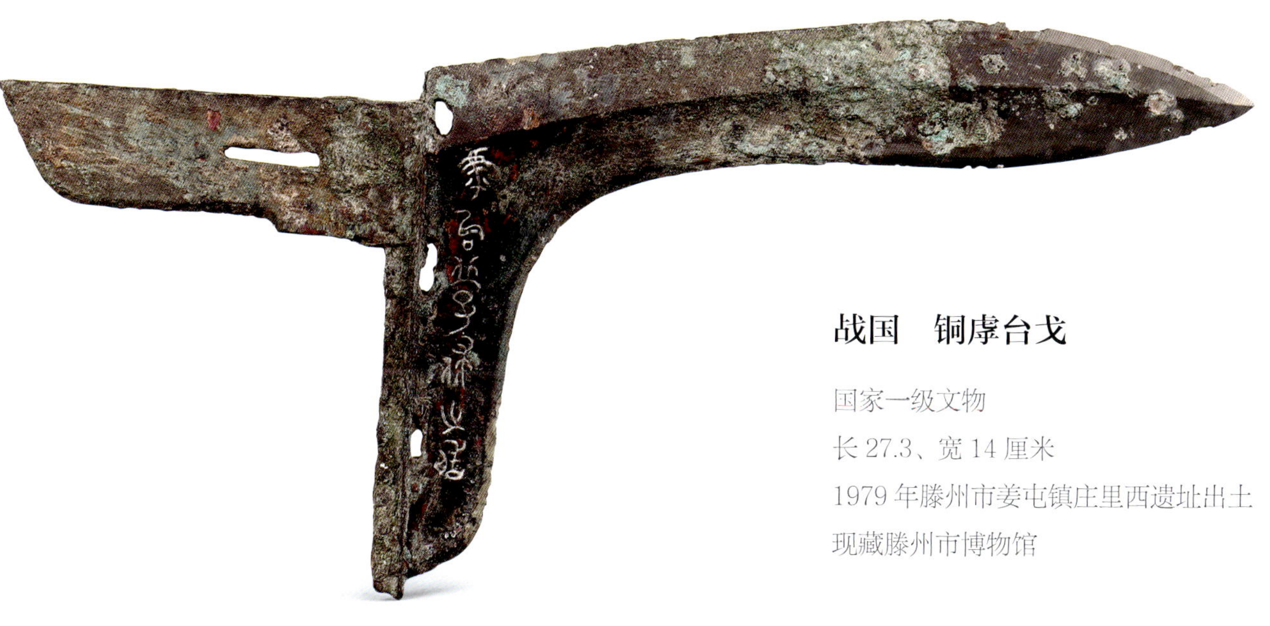

战国　铜虖台戈

国家一级文物
长 27.3、宽 14 厘米
1979 年滕州市姜屯镇庄里西遗址出土
现藏滕州市博物馆

援窄平，中起脊，前锋呈三角形；斜角长方形内，内有一穿；长胡，三穿，胡上铸铭文一行 7 字“虖台丘子休之焅（造）”。

商　弦纹原始瓷罍

口径 6.8、底径 5.8、高 8 厘米
1985 年滕州市官桥镇前掌大遗址出土
现藏滕州市博物馆

侈口，斜肩，收腹，矮圈足外撇，肩部有对称横耳。肩饰一周三角划纹，上下饰多重凹弦纹。内外通施青绿色釉。

南北朝　酱釉瓷鸡首壶

国家二级文物
口径 8.4、腹径 16、底径 12.5、高 21 厘米
1980 年枣庄市薛城区邹坞镇中陈郝瓷窑遗址出土
现藏枣庄市博物馆

盘口，圆唇，细颈，广肩，鼓腹下内收，平底，盘口与肩之间有龙首形柄，肩有鸡首及桥形双系。通体施酱釉。

南北朝　青釉长颈瓷瓶

国家二级文物
口径 6、底径 6.5、高 26.3 厘米
枣庄市山亭区独孤城村征集
现藏滕州市博物馆

侈口，长束颈，鼓腹，矮圈足。外饰青釉不及底。

隋　青釉六系瓷罐

国家三级文物
口径 10、腹部 19.4、底径 9.8、高 18 厘米
1987 年枣庄市薛城区邹坞镇中陈郝瓷窑遗址出土
现藏枣庄市博物馆

侈口，圆唇，溜肩，鼓腹，圜底，圈足。肩部饰六系，腹上部饰附加堆纹一周，中部饰莲花纹一周。内施全釉，外施半釉，下露灰白胎。

唐　三彩虎枕

长 28、宽 11.5、高 12.5 厘米
1980 年枣庄市薛城区邹坞镇中陈郝瓷窑遗址出土
现藏枣庄市博物馆

虎卧姿，首右向，瞪目前视，四肢伏地，粗壮有力，尾卷曲上翘附于后背上，口微张，牙齿锋利，须下垂，凹形背，有长方形座，内空枕面为近长方形，上饰花卉图案。

宋　白釉酱花瓷罐

国家三级文物
口径 16.3、腹径 27、底径 11、高 23.5 厘米
1980 年枣庄市薛城区邹坞镇中陈郝瓷窑遗址出土
现藏枣庄市博物馆

敛口，平沿，圆唇，短束颈，鼓腹，平底。通体施白釉，有垂流釉痕，肩部墨绘有花卉图案。

宋　白釉双系瓷罐

国家二级文物
口径 18.3、足径 10.5、高 24.2 厘米
1980 年枣庄市薛城区邹坞镇中陈郝瓷窑遗址出土
现藏枣庄市博物馆

敛口，圆唇，短束颈，溜肩，肩部有对称的双系，鼓腹，圈足。内施满白釉，外施白釉不及底，有绿点彩。

元　酱釉瓷瓶

国家三级文物
口径 7、腹径 9.6、底径 8.1、高 21 厘米
1980 年枣庄市薛城区邹坞镇中陈郝瓷窑遗址出土
现藏枣庄市博物馆

白胎，花瓣形口，圆唇，直颈，鼓腹下内收，喇叭形圈足。通体施釉，足上部饰一周凸弦纹。

元　白釉黑花四系瓷瓶

口径 4.6、腹径 20.8、底径 11、高 32 厘米
1980 年枣庄市薛城区邹坞镇中陈郝瓷窑遗址出土
现藏枣庄市博物馆

小口，圆唇，束颈，溜肩，肩部有四系，深鼓腹，圈足。上施白釉，下施黑釉，上腹部墨绘花卉图案。

元　磁州窑系白底黑花四系瓷瓶

口径 4.9、底径 7.3、高 26.5 厘米
1982 年滕州市姜屯镇韩仓村征集
现藏滕州市博物馆

侈口，束颈，溜肩，深腹微鼓，圈足。肩部有四系。上施白釉，下施褐釉，上腹部饰草叶纹图案，以两道墨线界边。

西周　贝币

长 2.2、宽 1.6 厘米

滕州市姜屯镇庄里西遗址出土

现藏滕州市博物馆

战国 “梁二釿”平首圆肩铜布

国家一级文物
高 6.7、宽 4 厘米
移交
现藏枣庄市博物馆

平首，圆肩，方足，圆裆。正面文“梁二釿”3 字。背面平素。

战国 齐铜刀币

长 18.2、宽 3、厚 0.3 厘米
征集
现藏滕州市博物馆

战国 楚蚁鼻铜钱

长 1.5、宽 1.1 厘米
旧藏
现藏滕州市博物馆

秦 半两铜钱（两枚）

直径 3.2、厚 0.1 厘米
旧藏
现藏枣庄市博物馆

西汉 三铢铜钱

直径 2.3、厚 0.15 厘米
旧藏
现藏枣庄市博物馆

新莽　契刀五百铜币

长 7.3、宽 1.5 ~ 2.7、厚 0.3 厘米
旧藏
现藏枣庄市博物馆

新莽　大泉五十铜钱

直径 2.7、厚 0.2 厘米
拣选
现藏枣庄市博物馆

新莽　货泉铜钱

直径 2.1、厚 0.1 厘米
拣选
现藏枣庄市博物馆

东汉　剪边五铢铜钱

直径 1.9、厚 0.1 厘米
旧藏
现藏枣庄市博物馆

北齐　常平五铢铜钱（两枚）

直径 2.4、厚 0.1 厘米
征集
现藏枣庄市博物馆

唐　乾元重宝铜钱

直径 2.7、厚 0.1 厘米
旧藏
现藏枣庄市博物馆

五代十国后周　周元通宝铜钱（两枚）

直径 2.4、厚 0.1 厘米
旧藏
现藏枣庄市博物馆

五代十国南唐　唐国通宝铜钱（两枚）

直径 2.4、厚 0.1 厘米
捐赠
现藏枣庄市博物馆

北宋　太平通宝铜钱

直径 2.4、厚 0.12 厘米
拣选
现藏枣庄市博物馆

北宋　淳化元宝铜钱（两枚）

直径 2.4、厚 0.1 ～ 0.15 厘米
旧藏
现藏枣庄市博物馆

北宋　至道元宝铜钱（两枚）

直径 2.5、厚 0.1 ～ 0.2 厘米
旧藏
现藏枣庄市博物馆

北宋　咸平元宝铜钱

直径 2.5、厚 0.1 厘米
旧藏
现藏枣庄市博物馆

北宋　景德元宝铜钱

直径 2.4、厚 0.2 厘米
拣选
现藏枣庄市博物馆

北宋　元祐通宝铜钱（两枚）

直径 2.5 ~ 3、厚 0.1 ~ 0.2 厘米
拣选
现藏枣庄市博物馆

北宋　崇宁通宝铜钱

直径 3.4、厚 0.2 厘米
拣选
现藏枣庄市博物馆

北宋　大观通宝铜钱

直径 4.1、厚 0.3 厘米
拣选
现藏枣庄市博物馆

辽　太平元宝铜钱

直径 4.3、厚 0.3 厘米
旧藏
现藏枣庄市博物馆

金　正隆元宝铜钱

直径 2.4、厚 0.12 厘米

旧藏

现藏枣庄市博物馆

明　洪武通宝铜钱

直径 2.5、厚 0.1 厘米

旧藏

现藏枣庄市博物馆

西周　骨鸠

长 6.8、宽 2.1、高 4.5 厘米
2002 年滕州市姜屯镇庄里西遗址出土
现藏滕州市博物馆

仿鸠鸟形状磨制而成，以阴线刻画出眼及嘴部，两侧及底部有销状圆孔，翅膀缺失。造型逼真，憨态可掬。

北齐　铜佛造像

国家三级文物
宽 6、通高 15.8 厘米
1980 年枣庄市台儿庄区张山子镇单庄村出土
现藏枣庄市博物馆

由尊像和底座两部分组成。主尊双目微闭，身披长衣，佩璎珞，赤足立于覆莲座上，左右各有一胁侍菩萨，背光上部为火焰纹。

北齐武平五年　铜佛造像

国家三级文物
宽 5.4、通高 11 厘米
1980 年枣庄市台儿庄区张山子镇单庄村出土
现藏枣庄市博物馆

由双层方座和尊像两部分组成。主尊双目微闭，面部端庄丰腴，螺髻，U 形衣领，手施无畏与愿印。佛身两侧饰双行格状纹，左右各有一胁侍菩萨。佛身后有莲瓣形背光，上方有火焰纹。背光背面刻有“武平五年正月十五日比丘僧道珍为居家眷属造像一躯”题记。

唐　石佛头

国家三级文物
高 25 厘米
1980 年枣庄市台儿庄区泥沟镇晒米城遗址出土
现藏枣庄市博物馆

圆雕。高发髻，大耳，面部丰满，双目微闭，略带微笑。

元　白釉瓷俑

国家二级文物
高 16.4 厘米
1980 年枣庄市薛城区邹坞镇中陈郝瓷窑遗址出土
现藏枣庄市博物馆

站姿，黑发，面部丰满，浓眉大眼，高鼻梁，闭嘴，身着长裙，双手持盖罐于胸前，站立于方形板上。通体施白釉，发、眉、眼等墨绘，裙饰点彩。

元　白釉瓷俑

国家二级文物
高 25.8 厘米
1980 年枣庄市薛城区邹坞镇中陈郝瓷窑遗址出土
现藏枣庄市博物馆

头戴官帽，翘眉，双目正视，大耳，身穿官袍，端坐于椅上。右手扶玉带，左手置于膝上。五官及衣袍均为彩墨勾勒描绘。

汉 水陆攻战画像石

长 285、高 76、厚 18 厘米
2004 年枣庄市山亭区西集镇西集村出土
现藏枣庄市博物馆

平面浅浮雕。画面中部偏左侧有一座重檐式阙，阙中蹲坐二人，手中各执一幡帜。阙左侧有十六人，手执刀枪、盾牌，阙右侧是一支庞大的骑兵，三十二人乘骑。左角一只蟾蜍一个阳乌，一株大树把蟾蜍与阳乌相隔。近处一座六孔石桥，桥上车水马龙，桥下第一孔有两条蛇，第二孔有八条鱼，第三孔有各种鱼，其旁藏匿二人，其中一人向桥上张望，第四孔内有一船，载有三人，左侧一人摇橹，右侧二人手执刀、剑，第五孔有五条鱼一条鳝，第六孔有一条鱼。四周饰双边框，框沿饰粗斜线纹，框内细斜线纹。

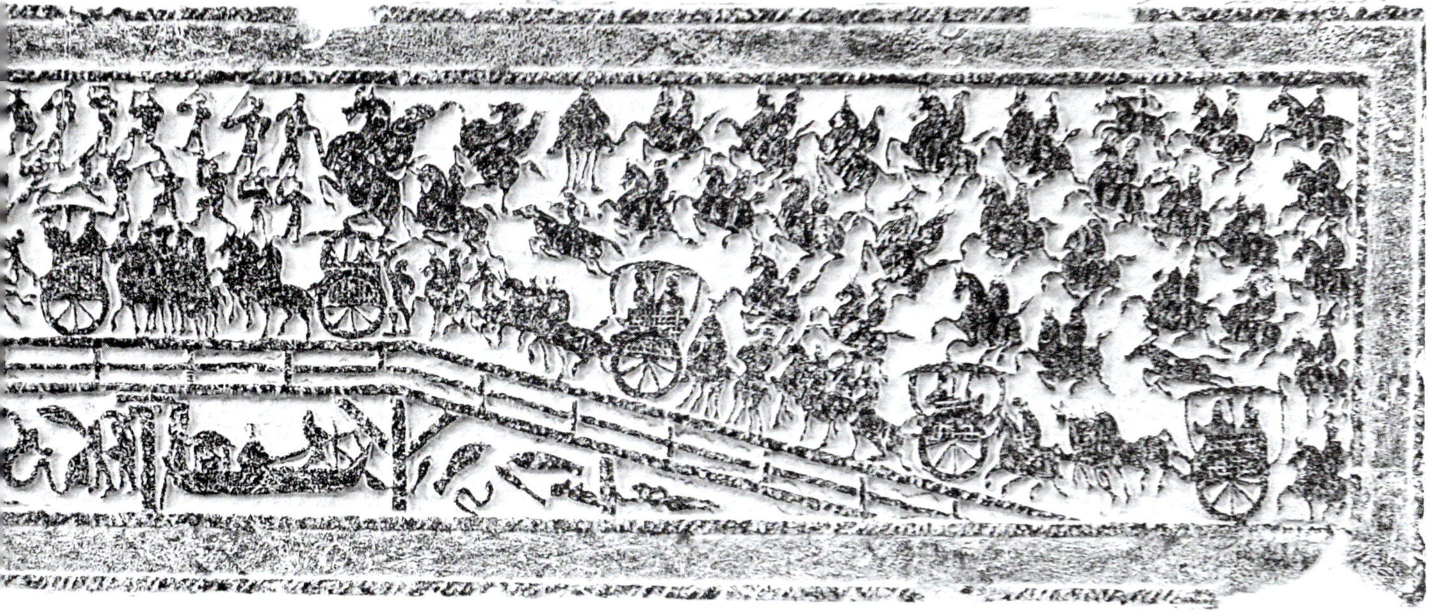

东汉永元十一年　执笏官员画像石

国家三级文物
长 24、宽 93、厚 11 厘米
征集
现藏滕州市汉画像石馆

浅浮雕。图像为一执笏人物。上方有题记四行。画面正面为三层，左侧为一框，框内有菱形纹。
题记曰："时灵所兴，名冗比。以十一年十月十五日成，此□□如礼，后子孙无以□日祠，使石工书。颜文羽昆弟六人，弟□（修）文，伯先仲禀文。母以永元十年七月廿七日不幸，母年八十七。"

东汉　牛耕画像石

长 178、宽 82、厚 28 厘米
1996 年枣庄市山亭区城头镇堌城村出土
现藏滕州市汉画像石馆

浅浮雕。画面刻一牛一马拉犁，一人扶犁，前有一牵牛马者，后有一人荷锄、一手执锤。左侧刻一四不像神兽吃草，身上一人仰卧。右侧刻一神兽（残）。

东汉　泗水升鼎画像石

长 305、宽 97、厚 23 厘米
1982 年滕州市官桥镇后掌大村出土
现藏滕州市汉画像石馆

浅浮雕。画面二层：上层左为力士，一人手举一物，一人双手握剑蹲坐，一人持斧，一人斗虎，一人拔树；右为孔子见老子。下层左为人物，车马出行；右为泗水升鼎，拱桥下有船、鱼、人物，拱桥上升鼎者列两旁，有长者指挥拉绳。左边刻朱雀、白虎、玄武三灵。

东汉　周穆王拜见西王母画像石

长 305、宽 96、厚 23 厘米
1882 年滕州市官桥镇后掌大村出土
现藏滕州市汉画像石馆

浅浮雕。画面二层，左刻羽人饲龙，蛇、龟；上层刻娱乐游戏、老者拜见、二桃杀三士、周公辅成王；下层刻周穆王见西王母画面，其中左侧的周穆王坐在青气为廓、紫气为城的城堡中，旁有青龙、天牛，中间各种羽人、仙兽飞奔，并有五龙拉云车，有人骑龙，前有祥云、天马、三足乌浩浩荡荡向昆仑山进发，右侧的西王母端坐于蒲团之上，旁有玉兔捣药和人面鸟身羽人。

东汉　乐舞百戏画像石

长 133、宽 94、厚 16 厘米
1982 年滕州市滨湖镇西古村出土
现藏滕州市汉画像石馆

图像雕刻技法为浅浮雕，画面中央树一建鼓，二小鼓，二人边击边跳，左有抚琴、倒立、掷丸者，左上有五首人面兽、猫头鹰，右一树上有羽人饲凤，树旁一人及羽人格斗、猴子、飞仙、珍禽。

宋　右军后裔将相名家画像敕牒宋谱

国家一级文物

绢本　纵 34.5、横 1000 厘米

捐赠

现藏王学仲艺术馆

长卷由十几段文字和画像裱在一起组成，开头一段为木刻板印佛经，寓意着王氏家族佛光普照，繁荣昌盛；第二部分为三段王氏宗谱序，详细介绍了宋代琅琊王氏的由来及分支情况，其中包括晋朝王羲之南迁；第三部分以王右军即王羲之为祖，记录了三位在宋朝做出成绩的王氏后人，从右到左分别为北宋初年王文正、王懿敏、南宋初年王十朋，每人画像旁的文字详细叙述了本人的生平及为官为相的功绩，均为宋代文人雅客或朝廷官员所写；最后一段为清光绪二十九年樊增祥所写的后跋。

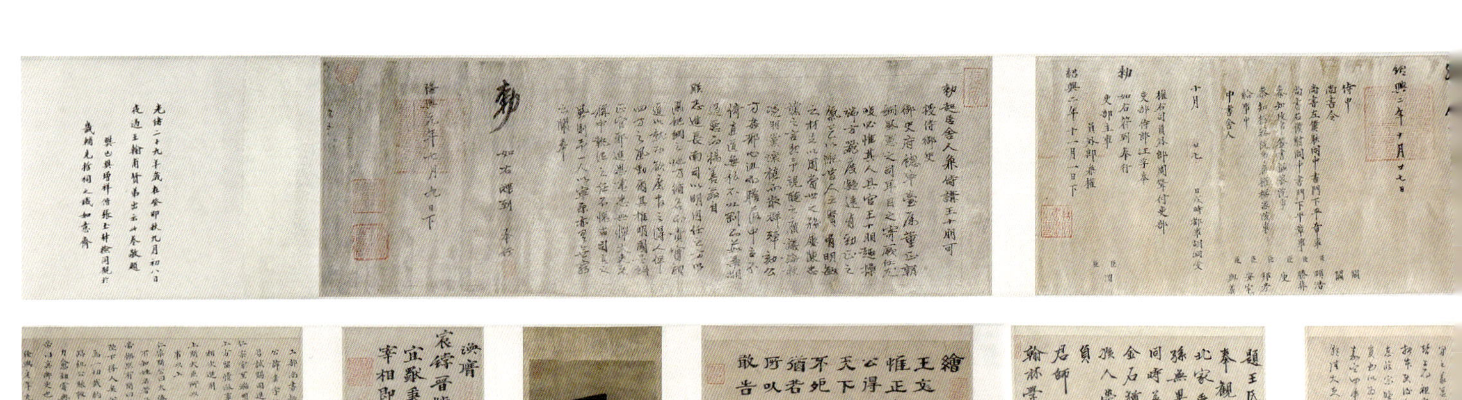

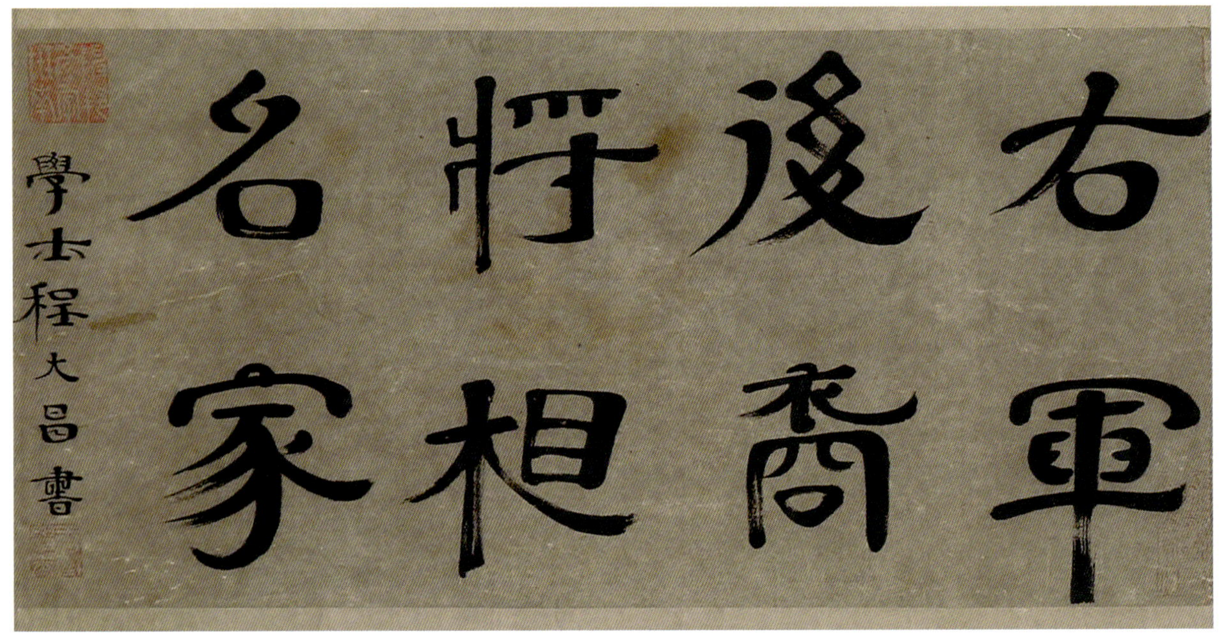

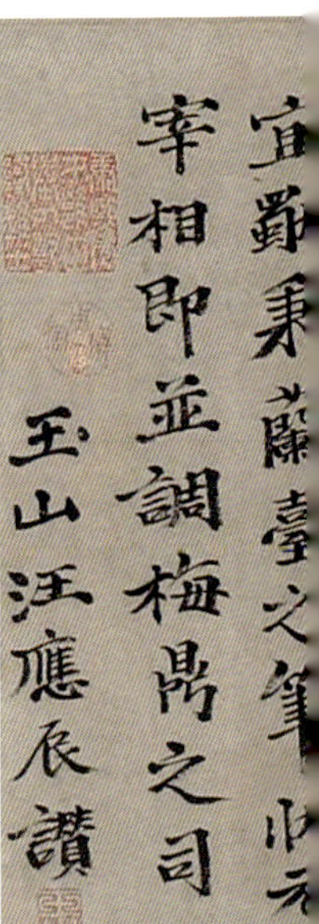

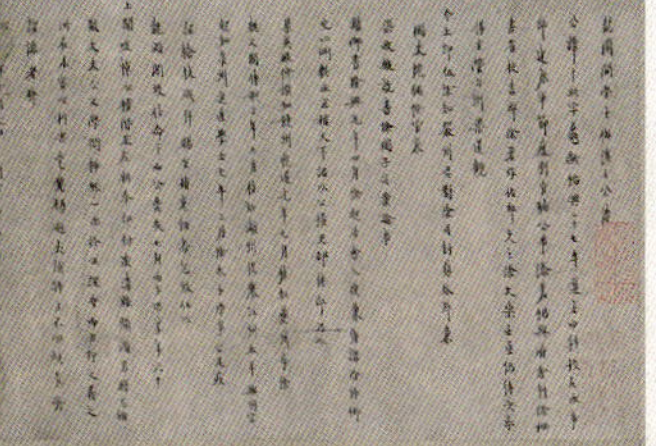

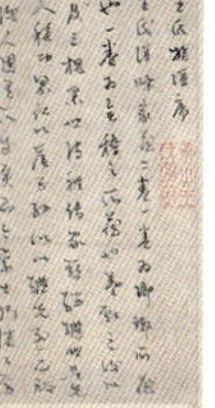
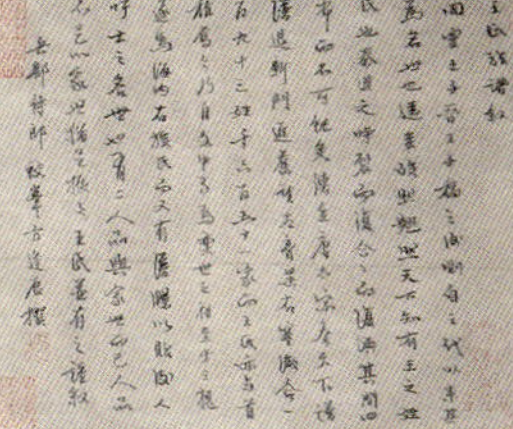

明　唐寅丹青仙会图

纸本　纵108、横50厘米
捐赠
现藏王学仲艺术馆

唐寅（1470～1524年），字伯虎，苏州人。明代著名画家、书法家、文学家。画面描绘的是九个仙人相会的情景，也称《九老图》。作品分上、中、下三个部分，分别阐释了儒、释、道精神，描绘出了老者清闲、超脱的仙人生活，寄寓了作者超脱凡世的思想，也体现出他向往自由的强烈的自我表现意识。

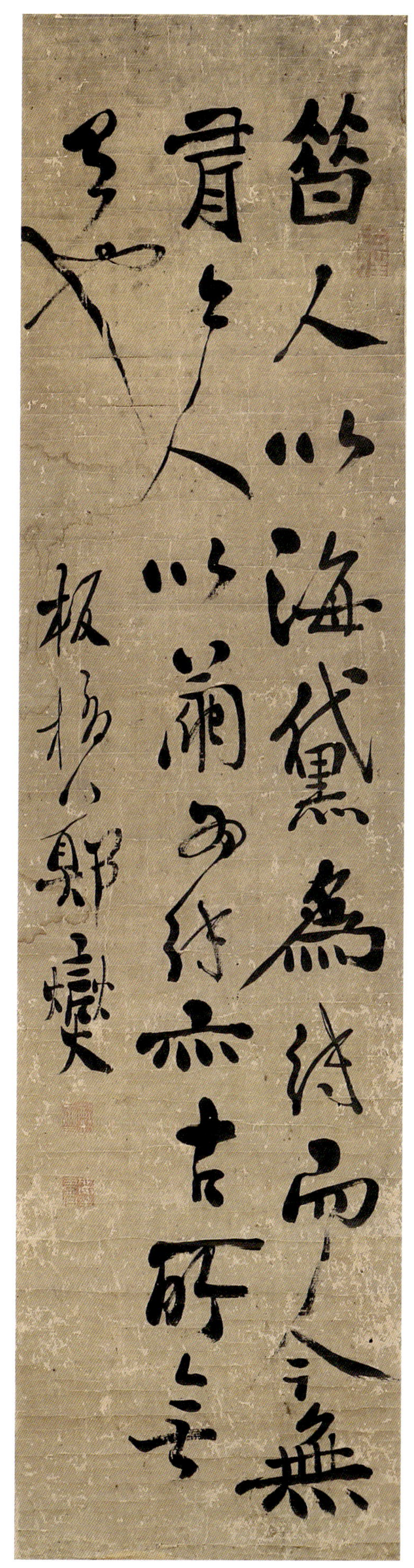

清　郑燮行草

纸本　纵 187、横 53 厘米
捐赠
现藏王学仲艺术馆

郑板桥字如其画，综合草、隶、篆、楷四体，再加入兰竹笔意，写来大小不一，歪斜不整，自称“六分半书”。

清　蒋廷锡花卉图轴

纸本　纵 105、横 51.5 厘米
捐赠
现藏枣庄市博物馆

蒋廷锡（1669 ~ 1732 年），字扬孙，一字西君，号南沙、西谷、青桐居士，江苏常熟人，康熙四十二年进士，雍正年间曾任礼部侍郎、户部尚书、文华殿大学士、太子太傅等职，是清代中期重要的宫廷画家之一。蒋廷锡擅长花鸟，以逸笔写生，奇正率工，敷色晕墨，能自然洽和，风神生动。

清　慈禧梅兰图轴

绢本　纵 76、横 43 厘米
捐赠
现藏枣庄市博物馆

慈禧（1835 ~ 1908 年），叶赫那拉氏，1861 年上徽号慈禧，晚清重要政治人物。一生爱读《诗经》和《资治通鉴》，平时注重书法绘画陶冶情操，绘画作品具有浓重的宫廷气息。

1948 年　徐悲鸿奔马图

纸本　纵 100、横 58 厘米
捐赠
现藏王学仲艺术馆。

徐悲鸿（1895 ~ 1953 年），原名徐寿康，江苏宜兴人。中国现代画家、美术教育家。《奔马图》是画家与时代的交融，以骏马的形象和表现出的勇敢、自由、奔向光明的精神代表着中国绘画新的高峰。在此幅画中，徐悲鸿运用饱酣奔放的墨色勾勒马头、颈、胸、腿等大转折部位，并以干笔扫出鬃尾，使浓淡干湿的变化浑然天成。

20 世纪　李苦禅雄鹰图

纸本　纵 66、横 59 厘米

捐赠

现藏王学仲艺术馆

李苦禅（1899 ~ 1983 年），山东高唐县人。我国当代杰出的大写意花鸟画家，是继宋代法常、明代徐文长（徐渭）、清代八大山人、吴昌硕与近代齐白石之后的又一位统领时代风范的大师。山东高唐有李苦禅艺术馆。李苦禅笔下的鹰脱离了它原本的自然形象，更能表现出雄鹰的气势与精神。

1986 年　王学仲双鲤图

纸本　纵 60、横 31 厘米
捐赠
现藏王学仲艺术馆

王学仲（1925 ~ 2013 年），山东滕州人。中国现代书画家。“客从远方来，遗我双鲤鱼”。王学仲所绘的鲤鱼形神兼备，画面酣畅淋漓。幼时，他看到父亲从集上买鱼回来，总是用新鲜带有韧性的柳条或芦苇穿系着，往门环上一挂，常引逗得馋嘴狸猫直抓门板。这一生动的画面，引起他观察事物的兴趣。之后，他在古籍中读到诗句“其鱼惟何，惟鲂惟鲤。何以贯之，维杨及柳”，生活图景的启示，古典文学、民风民俗的陶冶，终于使王学仲创作出具有高古韵味的现代文人画。

西周　骨觽

直径 3.8、高 3.5 厘米
2001 年滕州市官桥镇前掌大遗址出土
现藏滕州市博物馆

磨制光滑，下端平齐，上端作斜面形，高端下部有一凹槽。截面椭圆形，中空。底端正面刻画有“米”字纹和方格纹。

战国　骨梳

国家二级文物
长 6、宽 9.6、厚 1.3 厘米
1989 年滕州市姜屯镇庄里西村征集
现藏滕州市博物馆

利用兽骨切割磨制而成，整器呈碧绿色扁状长方形，两侧边内弧，由梳背与梳齿两部分组成。梳背上雕刻头相对的两只展翅欲飞的瑞鸟，梳背下端与梳齿上端均有钻孔，下部锯磨出 31 个梳齿，梳齿雕刻细密，工艺精湛。

春秋　铜编钟

国家一级文物

高 14.6 ~ 34、宽 8.7 ~ 25 厘米

1982 年滕州市姜屯镇庄里西遗址出土

现藏滕州市博物馆

镈钟 4 件、纽钟 9 件。4 件镈钟制作精细，腔体厚实，造型一致，大小递减，舞平，上为双龙吞蛇形繁纽；合瓦形腔体，铣棱略弧，于口平齐，有内唇。以高棱框隔枚、篆、钲区，舞、篆饰龙纹，鼓部饰由龙纹组成的兽面纹。在每件镈正面的右铣、钲间及左铣有铸铭，四镈文字相连，成为完整的一篇铭文，全铭共 81 字。9 件纽钟，造型一致，大小相次，舞平，上为方形环纽；合瓦形腔体，铣棱斜直，于口弧曲上凹，有内唇。以绳索纹框隔枚、篆、钲区，舞饰勾连卷云纹，鼓、篆间饰交龙纹。

战国　石编磬

长 26.3 ~ 73.2、宽 9.7 ~ 17.7、厚 3 ~ 4 厘米
滕州市姜屯镇庄里西村征集
现藏滕州市博物馆

编磬共 11 件，用青黑色的石灰岩精工磨制而成，造型基本一致，大小相次，底边弧曲自然。

金　副提控肆字铜印章

国家三级文物
边长 7、通高 5 厘米
枣庄市峄城区阴平镇棠阴村出土
现藏枣庄市博物馆

正方形，长方形直纽，阳文篆书“副提控肆字印”六字，背面镌刻“行宫礼部造”，纽上部有一“上”字。“提控”见《金史·兵志》：“两副统为一都统，此复国初之名也。然外设一总领提控，故时皆称元帅为总领云。”又《金史·百官志》载诸群牧所设“提控”。

元　铜权

国家三级文物
腹径 5.2、底径 5.7、高 10.5 厘米
现藏枣庄市博物馆

1984 年枣庄市薛城区陶庄镇夏庄村出土
倒梯形纽，中部有一方孔，权身呈亚腰形，阶梯式底座，平底。腹部有二周凸棱，并有“下二”铭文。

中华民国　中兴煤矿股份有限公司钢印

长 16.5、宽 4.8 ~ 6.4、高 27.5 厘米
旧藏
现藏枣庄中兴文化博物馆

中兴公司钢印是中兴公司的标志和代表。中兴文化博物馆现有二枚钢印：一是山东峄县中兴煤矿股份有限责任公司印；二是山东峄县中兴煤矿公司驻武汉办事处印。二枚印章设计精致、厚重、典雅、古朴，中英文对照。

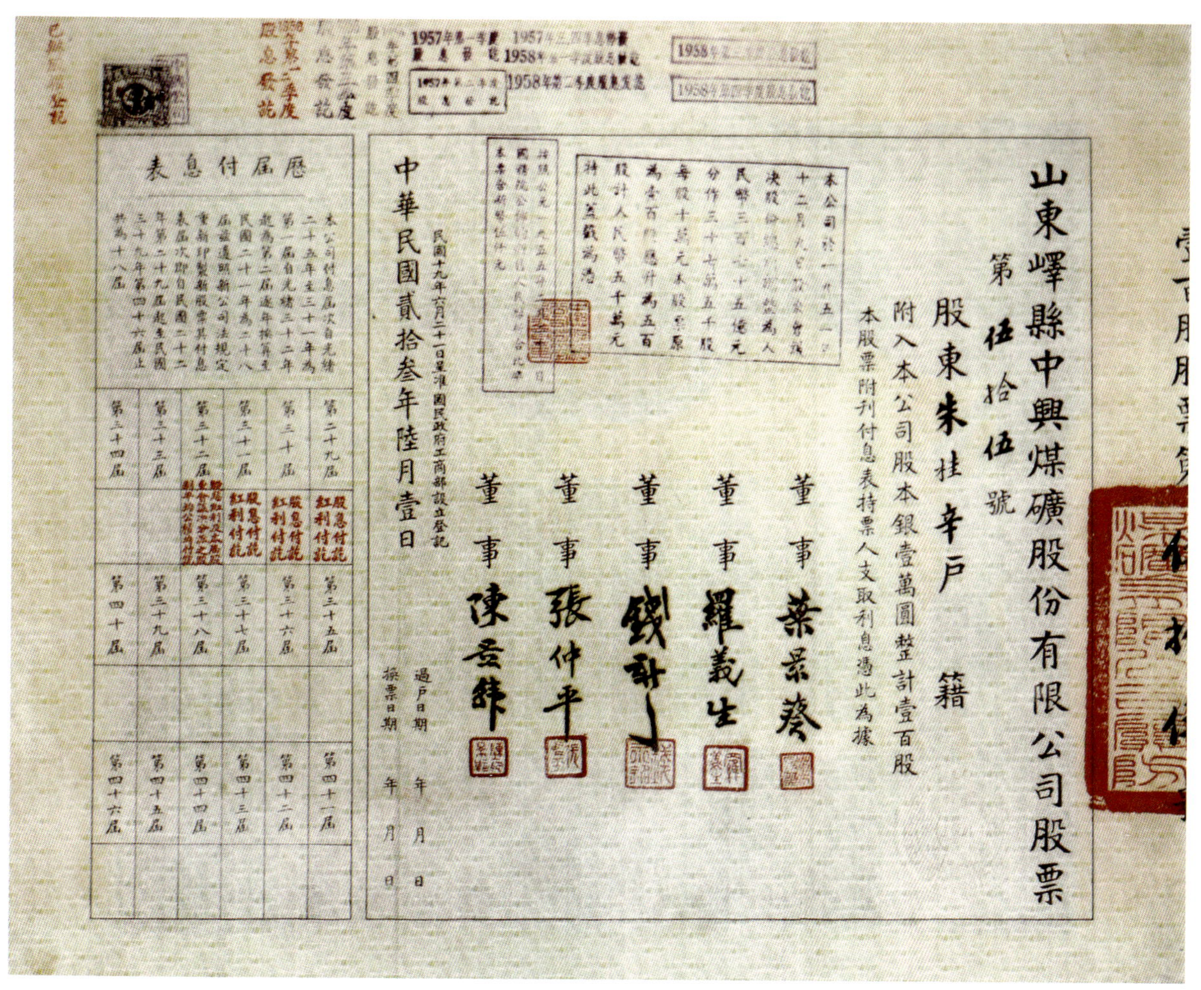

山東嶧縣中興煤礦股份有限公司股票

第 伍拾伍 號

股東 朱桂辛 戶 籍

附入本公司股本銀壹萬圓整計壹百股

本股票附刊付息表持票人支取利息憑此為據

董事 葉景葵

董事 羅義生

董事 錢新之

董事 張仲平

董事 陳亞韡

中華民國貳拾叁年陸月壹日

民國十九年六月二十一日呈准國民政府工商部設立登記

過戶日期 年 月 日

換票日期 年 月 日

歷屆付息表

本公司付息屆次自光緒二十五年至三十一年為第一屆自光緒三十二年起為第二屆逐年接算至民國二十一年為二十八屆並遵照新公司法規定重新印製新股票其付息表屆次即自民國二十二年第二十九屆起至民國三十九年第四十六屆止共為十八屆

第二十九屆	第三十屆	第三十一屆	第三十二屆	第三十三屆	第三十四屆
股息紅利付訖	股息紅利付訖	股息紅利付訖	[illegible]		
第三十五屆	第三十六屆	第三十七屆	第三十八屆	第三十九屆	第四十屆
第四十一屆	第四十二屆	第四十三屆	第四十四屆	第四十五屆	第四十六屆

1934年朱启钤持有的中兴煤矿股份有限公司股票

长 36.5、宽 29 厘米

旧藏

现藏枣庄中兴文化博物馆

中兴公司股份总额为银币 1000 万元，每百元为一股，共 10 万股。股票的面额为 1 股、5 股、10 股、50 股、100 股 5 种。股票统一编号并附历届付息表，由董事会长和总经理签章为凭。股票为记名式，将股东姓名、籍贯一一列入股票，公司设有股东名册，同时将股东的户名、姓名、籍贯、通讯处、入股处、金额、股票种类等全登入股册留存公司。原北洋政府代理国务总理、中国营造学社创始人朱启钤曾担任中兴公司董事会长兼中兴轮船董事会长，最多持股达到 99 万股，是中兴公司第一大股东。

编者的话

枣庄是一方古老的土地。后李文化、北辛文化、大汶口文化、龙山文化、岳石文化绵延不绝，先秦时期这里更是邦国林立，创造了辉煌灿烂的古国文明。这里还是中国考古学的一片热土，早在20世纪30年代，董作宾等就在枣庄进行考古调查和发掘，1978年秋和1979年春，中国科学院考古研究所发掘的北辛遗址，后来依此命名的北辛文化成为中国改革开放初期最为重要的考古发现之一。一代又一代的文博工作者秉承着优良的传统，精心守护着先人们创造的文化瑰宝，为文化自信提供强有力的支撑。

《枣庄文物撷英》一书的出版是对我市第一次全国可移动文物普查工作的全面回顾，希望通过本书能让读者管窥枣庄的历史文化，了解历史上的枣庄，进而关心支持枣庄。

本书编写过程中，各区（市）文广新局、文物局及枣庄市博物馆、滕州市博物馆、台儿庄大战纪念馆、滕州市汉画像石馆、王学仲艺术馆、滕州市墨子研究中心、贺敬之文学馆、枣庄学院世界语博物馆、枣矿集团档案馆、枣庄中兴文化博物馆等文物收藏单位给予了大量协助。文稿由孙启辉、张坤、崔玥等撰写，尹秀娇统稿，山东博物馆肖贵田、文物出版社王霞等给予了热情指导，文物出版社耿昀付出了辛苦劳动，在此一并表示感谢。

由于编者水平所限，错讹疏漏之处还请读者批评指正。